U0142351

師傅校長培育

薛春光　林雍智　　主編

薛春光　林雍智　方慶林　游子賢　劉文章
林逸松　張乃文　李惠銘　黃居正　　合著

五南圖書出版公司 印行

理事長序

　　社團法人中華民國中小學校長協會（以下簡稱全校協）爲全國性之校長專業團體，成立宗旨除保障校長權益外，尚有增進中小學校長之專業知能、提供教育建言、改善教育環境與引領學校教育發展之責任。創會十餘年來，在張榮輝、薛春光、翁慶才、吳錦章四位理事長的帶領之下，全校協逐漸獲得各界的信賴和支持，讓會務推展更深入各縣市，成爲推動教育政策、安定校長辦學的重要力量。本人自 2020 年起擔任第七屆、第八屆理事長，亦秉持上述信念，全心爲健全校長辦學環境、提升校長專業地位努力。

　　全校協是一個校長專業組織，主要工作除作爲中小學校長間的聯絡交流外，亦是一個提供校長職涯發展規劃、促進專業成長的專業組織。在促進中小學校長專業發展上，全校協透過執行政府委託計畫、辦理「校長學」與學校領導相關的國內外研討會、推動各種專業成長工作坊與宣導活動、建構校長專業素養等活動，期待協助建立能符應校長職涯發展與學校經營所需的各項素養。其中，倡議並活化「師傅校長」制度，讓師傅校長能發揮陪伴、指導與輔導初任、現任校長，協助校長解決校務困境與危機，以健全學校教育環境，亦屬於全校協的核心工作之一。

　　「師傅校長」是一個運作已久的概念，早期各縣市及師資培育大學透過邀請資深或辦學績優的校長，在校長培育、儲訓等養成階段擔任師傅／引導者，協助初任校長順利開展校長職涯已行之多年。然而，此時「師傅校長」的制度設計尚不完整，舉凡從「師傅校長的人材來源」、「師傅校長應具備如何的專業素養」、「師傅校長該如何培育」到「作爲校長職涯專業發展頂點的師傅校長機制該如何設計，使其可以成爲系統性校長人才培育制度」等問題，皆仍待克服。

　　爲建立師傅校長體系，全校協透過學術研究、實踐培訓、回流互動、

行政聯絡等多種管道，讓此一構想付諸實現。「學術研究」上，目前重點在透過相關的理論基礎與國內外實證作法發展師傅校長培育系統，包含規劃師傅校長培育體系、建立證照制度、建構培育指標、研擬培育課程等，其目的乃為建立一個立體的、符應師傅校長職涯發展需求的培育制度；「實踐培訓」上，全校協透過執行教育部委託計畫，以漸進、滾動修正的步伐辦理各縣市師傅校長的培訓，並基於各縣市的在地化需求，媒合適合的培訓課程內涵與講座人選；「回流互動」上，全校協每年度皆邀集已結訓的各縣市師傅校長，辦理單一縣市與跨縣市聯盟的回流課程分享輔導經驗，也自 2023 年起辦理國際師傅校長論壇，透過實際案例分析深化師傅校長輔導素養；「行政聯絡」上，全校協則積極赴中央政府、各縣市教育行政機關及國內外研討會，分享各項成果，期待透過行政的支持，開拓師傅校長成為協助各縣市推動教育政策的舵手，以傳承師傅校長典範。上述所提各項建立師傅校長體系的重要工作，全校協今後將持續推動，健全師傅校長的功能，使其成為初、現任校長堅實的夥伴與導師。

本協會薛春光榮譽理事長、林雍智教授、方慶林校長、劉文章校長、林逸松校長、張乃文校長為建立師傅校長體系，努力、忠實的執行著上述相關事項，從無到有、逐步的推動師傅校長培育。後續更加入連進福校長、盧素真校長，作為本協會辦理師傅校長培育的重要成員，以擴充師傅校長培育量能。前述專家自 2012 年開始協助全校協的研究計畫，多年來已完成「檢視國教法健全校長權責」、「教師同僚性與校長教學領導」、「公立實驗教育學校之實驗規範」等重要研究案並發表多部相關論文，目前他們更致力將師傅校長培育之理念、理論與相關議題有系統彙編成冊，就因如此，本書方得以順利付梓問市。

本書由薛春光榮譽理事長與林雍智教授擔任主編，方慶林校長、劉文章校長、林逸松校長、張乃文校長分別擔任各章作者。本協會亦邀請同為協會成員、辦理 The One 校長學校的李惠銘校長、推動校長師徒制的黃居正校長與專精校長專業倫理的游子賢專案經理賜稿，豐富專書內容。本書

是全國第一冊探討師傅校長培育的專論，也是師傅校長相關書籍的首冊，後續全校協亦會陸續出版校長專業發展相關論著，敬請各界不吝給予指正與支持，讓我們一起努力為校長做些事，為教育發展盡點力。

理事長

張信務

2024 年 1 月 4 日

主編序

　　隨著時代的變遷與國人對教育寄予的高度期待，學校教育事務也更加的繁雜，校長身為學校領導者，經常會在經營管理上面臨挑戰，亦有可能需要妥善地應處危機，以使學校運作順暢，能繼續發揮教育實施場域的功能，提供學生適性與優質的學習，帶好每一位國家未來的主權者。

　　在這樣的背景下，一位校長在經營校務所必須具備的專業素養，往往超過了過去校長被要求要具有的能力，校長在培育、儲訓階段獲得的知能，亦可能不足以涵蓋職涯中即將面對的挑戰。因此，比照有系統的教師培育和專業發展制度，為校長建立一套提供自職涯分流點開始，到擔任校長，乃至於現職校長的職涯專業發展系統便顯得有充分的必要性。

　　「師傅校長」是一種擔任候用以及初任、現任校長輔導者的角色，其工作主要在於協助校長發展專業職能、解決學校危機以使校長能安心辦學，且學校運作也能上軌道。國內運用師傅校長角色已有歷史，對其並不陌生。師傅校長活躍的場合大致包含引領校長儲訓班學員發展擔任校長之素養、協助初任及現任校長解決學校經營問題、提供現職校長學校發展諮詢等。不過，過去的師傅校長人選來源，大致皆以地方行政機關首長推薦或是學術單位、研習機關邀請績優校長產生，此方式對師傅校長素質的掌握上較不科學化，產生的師傅校長也由於是「指派」產生的，未必能獲得被輔導者的信賴。更甚者，師傅校長專長屬性的分布仍無法涵蓋校長學校經營各層面的需求，以至於當校長遇到困境時，沒有適當專長的師傅校長可供諮詢。

　　有鑑於此，近年來國內開始投入師傅校長培育工作，以期能改變上述既有的問題，朝系統化、科學化的方向建立起完整的師傅校長培育體系。中華民國中小學校長協會是目前國內進行師傅校長培訓的主要單位之一，

全校協接受教育部委託辦理各縣市師傅校長培訓已有數年，這是國內首次有系統的針對師傅校長進行計畫性的培訓，世界主要國家有此培訓者，也不過只有美、英、日等國。因此，這工作具有劃時代的價值，也是先進國家中學校經營人才培育上的指標。全校協在該計畫中，針對師傅校長人選如何產生、培訓課程如何設計、回流課程如何安排、師傅校長該在地方教育中發揮什麼功能等，皆有結構性的擘劃。其目標是要完成全國各縣市高中以下學校的師傅校長培訓，讓師傅校長形成一套穩定、可發揮功能的制度。

然而，師傅校長制度，卻不能僅停留在「培訓」層次。「只把師傅校長齊聚一堂，然後辦理講習，受訓完畢者就足以擔任師傅校長角色」這樣的想法是不完整的，結訓的師傅校長也未必能有效執行被賦予的任務，扮演好角色。為使師傅校長制度更為完整，全校協目前正致力於將師傅校長養成從「培訓」帶到「培育」。在育成師傅校長上，培育納入「培訓」與「回流教育」等多階段的支持措施，讓師傅校長在養成與增能、陪伴與支持、傳承實踐智慧上都能獲得專業的支持，最後形成一位典範良師，為傳承優良教育文化盡力。「培育」注重的不是一次性的研習課程，其背後尚包含為師傅校長提供足夠的專業支持，例如師徒輔導的技巧、校務預警系統的運用、學校危機案例的分享、人才資料庫的建置，以及與地方主管機關協作，作為協助推動重要教育政策、引領教育發展的重要關鍵。更重要的，是師傅校長證照、各階段培育課程或專業支持活動的辦理，再到如何讓師傅校長獲得尊榮感、具備使命感、進而全心奉獻等。這些，都需要辦理者能以立體的方式、從點（培訓）到線（專業發展途徑），再到面（校長專業支持網絡）進行完整的規劃。綜合以上目的，方得以讓師傅校長「培育」成立，打造校長培育體系的最高端——也就是師傅校長培育之制度。

本書「師傅校長培育」之命名由來，即為依上述理念實踐脈絡與實務發展經驗而來。本書之構成區分為三大篇，第一篇是「師傅校長培育的理念與理論」、第二篇是「師傅校長培育體系規劃」、第三篇為「師傅校長制度的實踐與運用策略」。本書由薛春光、林雍智擔任主編，並由方慶

林、劉文章、林逸松、張乃文、李惠銘、黃居正六位校長與全校協游子賢專案經理所合著。上述專家投入師傅校長培育工作已有多年,對整個師傅校長培訓從無到有、順利展開,實貢獻良多。為了讓師傅校長的養成從「培訓」發展成「培育」,專家們亦在學術研究上發展本議題所需之理論基礎,例如師傅校長的培育體系與培育指標、師傅校長的協作與跨域、師傅校長證照制度等,為充實師傅校長培育體系奉獻智慧結晶。另外,在第十一章「如何運用師傅校長:各地校長專業支持系統的案例」中,亦邀請潘慶輝、范揚焄、謝相如、馬惠娣四位師傅校長賜稿,分享各該縣市活用師傅校長的案例,為師傅校長的運用途徑提示可行的方向。

　　本書能順利上梓,首先感謝作者群的賜稿。其次,感謝全校協張信務理事長對師傅校長培育議題的重視,讓本書有面世的機會,游子賢專案經理校稿,也讓本書更為完整,更感謝中華民國中小學校長協會總顧問張錦揚先生的贊助與五南圖書出版公司黃文瓊副總編輯促成,讓這一本全國首次探討師傅校長培育相關議題的書能與讀者分享。本書所探討的議題,是「校長學」、校長培育領域中較新興的議題,在理論建構與實務作法上的提議,雖可作為國內發展情境下可嘗試改進的方向,然而,隨著時間的發展定會產生更淬鍊的智慧,此尚祈教育先進與讀者們持續惠予指正,讓師傅校長培育成為穩定的、有效的教育人才培育制度。

林雍智

2024 年 1 月

目錄

師傳校長培育體系規劃

師傅校長制度的實踐與運用策略

序章

師傅校長培育概論

第一節 前言

　　隨著社會發展進入由經濟合作開發組織（Organisation for Economic Co-operation and Development, OECD）定義的「以知識、資訊、傳遞與應用為主的知識經濟體系」（OECD, 1996），世人對於專業職（profession）應具備的素養要求亦日益提升。要成為一項專業工作中的專家，除了需經由專業的培育之外，在工作、執業期間亦需擁有豐富知識，並長期於該領域努力，且由於「經驗的不斷加乘之總合」仍有知識體系位階提升上的瓶頸，因此，在養成階段亦有需要建立基礎性的專業素養，以方便行使該專業工作（篠原清昭，2017）。

　　在我國教育領域中，為了確保中小學教育的品質，因此師資的培育自始皆為政府重視的人才培育項目。對中小學教師培育而言，除了有體系性的、在師資培育大學所進行的職前的師資培育外，政府亦重視教師在職的專業發展。這些由職前培育到入職訓練，乃至於在職期間所進行的專業發展活動，構成了一條系統性的職涯發展階梯，提示教師一條通往職涯專業成長各階段（career stage）的階梯，讓教師可兼顧職場與自身需求規劃職

涯成長方向。

　　目前，中小學校長的人才來源，絕大部分來自於教師，也因此教師的職涯成長規劃上，除了追求「教學專業精進」的路徑外，亦會有一條朝向「擔任學校管理職務者」之軌道。兩軌之分流階段雖因人及所處學校環境之狀況而異，大致上成為校長之前的階段，必先有意願朝向擔任校長而努力，然後再於校內擔任組長、主任等職務。也就是說，成為一位校長的職涯發展階梯，始於在校內擔任行政職務起。

　　然而，相較於日趨嚴謹的教師專業發展途徑規劃，國內對中小學校長規劃的專業發展途徑仍較不周全。以教師而言，教師從職前的師資培育到報考教師資格檢定、教師甄試，再到在職研習、學位進修，相當嚴謹並具有系統性，且培育課程的適切性時常受到檢視與評鑑。相較於教師，我國中小學校長人選的產生，自主任階段開始，採行的專業發展途徑是「任意」的，政策上不僅對「教學專業」與「學校經營專業」的人才培育並未設定明確的分流點，報考主任、校長全憑各人的意願，且相當於法定位階的培訓，亦只有儲訓階段的課程而已，其餘如職前的培育或在職研習雖多少具備政策功能，但並未成為系統性的專業發展途徑，校長專業發展的軌道也未涵蓋一位校長的完整職涯。

　　當一個國家的社會環境進入了已開發國家之後，百工百業必然得到更大的發展機會，教育領域中的校長專業發展也不例外。過去將重點置於教師專業發展的作法，隨著人才培育的精緻化、系統化轉變，為校長提供一個系統性的專業發展途徑的必要性，也隨之增加。

　　「師傅校長」（mentor principal）係一種在我國從現任或退休校長中選拔出來，對校長儲訓班、初任及現任校長進行指導、輔導與支持陪伴的榮譽職。現階段師傅校長並未成為一項制度，因此人選產生與資格認定在現階段亦無體系性或強制性的規範。由於師傅校長角色在「工作內容上」，係擔任培育者的角色，且「師傅」本身素養的養成，亦需要經過相關培訓與實作經驗方能具備，因此「師傅校長」人選，亦可經由校長職涯專業發展來滿足。換句話說，師傅校長的養成，亦可設定為校長職涯發展

階梯中的一個階段。如果將「師傅校長」視為一個校長職涯專業發展中的最高階段，則培育師傅校長，即是為使校長達到擔任師傅校長資格，所進行的一連串有系統的培育活動。從另一個角度看，一位校長要成為師傅校長，首先需有意願、經過規劃並在自我的職涯發展中滿足可參與培育的主要條件，例如累積擔任幾任、幾校校長年資經驗，以及取得全國級別獎項等，然後參與培育，最後並能將所學用以輔導甫位於校長職涯發展階段前期的初任、現任校長，並以此構成校長職涯專業發展的循環圈。

依此前提，師傅校長培育，乃帶有上述完成校長職涯專業發展途徑與校長專業支持體系的功能。師傅校長可以界定為初、現任校長的指導者與陪伴者，其是一種「師匠」，亦是一位「導師」，更是一位「陪伴者」。透過師徒制的雙向交流回饋（蔡進雄，2017），可以擴充校長專業支持系統的網絡，讓初、現任校長獲得支持與陪伴。當目前教師同僚性（teacher collegiality）概念受到重視，且在政策上讓教師透過參與各種學習社群以建構正向同僚性，並促進其進行專業上的省思時（王淑珍、林雍智，2015；佐藤学，2012），校長其實也需要「校長同僚性」（principal collegiality），讓其可以在獲得專業支持下面對各種壓力，以獲得在專業能力提升上與學校經營上的支持力量（林雍智，2020a），進而擴充校長同僚性的作用範圍。對師傅校長來說，校長同僚性的建立，代表其在教育領域中充沛人脈資源的展現，此資本可以傳承給所輔導與陪伴的校長，協助其在經營學校時能更順手。參與師傅校長培育的校長，更可以在培育歷程中與同為學員的校長建立更正向的校長同僚性，這是目前在沒有師傅校長培育時較做不到的部分，因為校長各自忙於學校經營業務，其本身所建構的校長同僚性有可能僅集中於平時較常往來的校長同儕而已，缺乏可擔任師傅校長同僚們的經由參與培育、累積同窗切磋琢磨的情境與情誼，將來師傅校長要傳遞的、由初、現任校長繼承的實踐智慧（practical intelligence）就無法淬鍊為更有價值、更為周全的能量。因此，辦理師傅校長培育，亦有提供一個學習與交換實踐智慧的「場域」的效果，經由人為打造出的專業社群，促進參與者在此獲取更高位階經驗的互換，而不是

孤單的自我專業成長。此種經由政策提供人為社群，最後再讓其形成自發的同僚性的效果，亦是 Hargreaves（1994）、紅林伸幸（2007）等學者認為同僚性可經由協作產生的主張。

因此，透過辦理師傅校長培育，建立師傅校長制度，不只能助益於師傅校長本身進行職涯專業發展，亦可讓師傅校長足夠擔任起協助完善校長專業發展途徑，培育優秀新一代校長的功能。師傅校長培育，亦可以成為「校長學」（principalship）──這一個在教育行政領域中探討領導者角色與功能的學問之一部分，豐富該學問的內涵。因此，師傅校長培育乃有其必要性。

第二節　師傅校長培育的功能

師傅校長培育具有「系統化人才培育」、「完成校長職涯專業發展路徑」兩項功能，以及「協助解決校園危機」、「協助地方教育發展」等政策效果，以下概述之。

壹　系統化人才培育

就人才培育的觀點來看，師傅校長所扮演的角色，是一個陪伴、輔導初任、現任校長的前輩，亦是一個導師。要做好這樣的角色，需要足夠的專業素養與輔導知能，且這些素養或知能必須能確實協助其扮演好角色，而不是任憑過去的經驗來從事支持行為，因為舊經驗不經提取與彙整，是無法因應新情境與時代快速變化所需的。透過師傅校長培育，未來要擔任師傅校長的人，即可以在系統性的培育課程及實踐中彙整過去的經驗，發展擔任師傅校長應該具有的素養和態度。

任何一項專業工作，要開始執行業務之前必須經過有系統、有組織的培訓。師傅校長亦不例外。從人才培育的觀點來看，「師傅校長培育」體系，正是支持師傅校長「制度」成形的有力後盾。

貳 完成校長職涯專業發展路徑

校長需要專業發展。有系統性規劃、提供身處職涯各階段校長的專業發展途徑，並能對應其需求之專業發展課程，才能有效協助校長因應學校經營狀況，使運作上軌道。一條完整的校長專業發展途徑，大致可以包含考上校長前的「培育」、考上校長後的「儲訓」、擔任初任校長的「導入」以及為在職校長所設計的「增能回流」等。當然在這之中，還有許多為校長所開設的研習，而校長亦可以針對個人需要參與對象設定為教師的各種研習，或是學位的進修等。

在校長專業發展途徑中，最常被提及的乃是「校長儲訓」。此一階段的課程，由於容易獲得國內各機關辦理的現況與各國的概況，因此最受到廣泛的探討。其次，校長的職前培育，則是近 20 年來受到重視的概念，相關的作法亦可從文獻中獲得（鄭崇趁，2013；篠原清昭，2017）。至於「師傅校長培訓」的推動，國際的作法上，例如有美國的「全國小學校長協會」（The National Association of Elementary School Principals, NAESP）提出的師傅計畫（mentor program）（Riley, 2020）；日本兵庫教育大學（以下簡稱兵教大）以培訓師傅校長與教育行政首長等領導者為目的，於 2016 年起所推出的全國第一個教育政策領導課程（兵庫教育大學，2020）等。但相較於一般校長的培訓體系，其規模與辦理案例仍少。

綜此，可知我國的中小學校長職涯專業發展體系，自它從教師職涯發展體系分化而出後，較有系統進行者目前仍為「儲訓」階段。考上校長前的培育，目前僅有部分師資培育大學進行。至於師傅校長培育，則可視為校長職涯專業發展的最終端。透過培育，讓師傅校長再一次回到課堂，完成培育後，除了映照奉獻教育工作的使命感外，回到校長的職涯專業發展路徑中擔任協助校長成長的角色，亦可以激發成就感，成就個人終身的職志。

協助解決校園危機

　　師傅校長可以扮演「協助解決校園危機」的角色，乃係基於培育的政策效果而言。對地方教育行政機關而言，師傅校長可以扮演類似外部單位的角色，協助各學校處理來自內部（如學校校長、教師、學生）、外部（如家長、社區、政治團體、媒體）等引發的校園危機。面對複雜多變的社會環境與教育生態，危機的發生往往出於人們的意料之外，此時當事學校的校長雖為第一線的當事者，但由於各方面的考量仍不免有所限制，因此加入師傅校長提示或模擬解決途徑，也可提供經驗，有助於處理好校園危機。當然，此亦是地方教育行政機關樂見的師傅校長功能。

　　校園危機除了產生來源有學校內外之分外，其問題屬性，也可以整理為「涉法」與「涉人情」兩部分，且有時候往往法、理、情交錯而使事件更為複雜。在涉法層面，學校可能雖有聘任法律顧問，然很多背景脈絡仍需在進行法理攻防前理解，方能找出處理方向。因此，要擔任師傅校長者，亦有需要在培育階段針對校園法律實務進行探討，並展開實際模擬的演練。這也是一種將師傅校長本身經驗的整理，有了這個訓練的過程，師傅校長在協助解決校園危機上，才能提供助力，而不是反過頭來成為介入事件的阻力。

肆 協助地方教育發展

　　一個縣市在擬定地方教育發展政策時，大都會盤點當前地方教育生態與全國性教育政策方向，在現有資源上分配各政策重點，並擬定實施策略執行。師傅校長的角色介於擔任執行者的學校層級與政策制定者的教育行政機關中間，因此師傅校長若能具備協助地方教育發展的角色，就可以發揮橋接的關鍵力量，讓政策在實施上擁有具體的步驟，展現出成效。

　　基於師傅校長可扮演協助地方教育發展之角色，地方教育行政機關若可推薦師傅校長參與培育，行政機關就可以有效利用師傅校長，更名正言順的命其去協助某些工作。換句話說，師傅校長培育對地方教育行政機關

來說，是一項協助其進行人才培育的機制；因此，反過頭來對培育本身而言，則需要在規劃課程上融入扮演協助地方教育發展的課程內容，讓師傅校長熟悉將來可能被賦予之任務，以及如何看待這些任務所代表的意義。當然，一位師傅校長若長期耕耘，具備高度影響力，則其也有可能成爲影響地方教育發展的重要人物，而不只是協助的角色而已。以 2023 年時間點來說，有幾位接受過師傅校長培育者已經在 2022 年 12 月隨著地方縣市首長選舉的結束，被任命爲地方教育行政機關的首長，此時這些師傅校長除了可以施展教育抱負外，透過培育與執行師傅校長工作時所累積的經驗，更能成爲其推動教育政策的助力。

第三節　如何培育師傅校長

　　既然師傅校長培育有其必要性。那麼，接下來要探討的主題，便可聚焦在「如何培育師傅校長」上了。師傅校長的培育，目前在國內，自 2018 年起只有中華民國中小學校長協會（以下簡稱全校協）與臺北市立大學辦理，屬於一種校長職涯專業發展上，也是校長學領域中的創舉。全校協部分係由教育部委託辦理師傅校長培訓計畫，在定位上屬於校長專業支持系統的一個子計畫；而臺北市立大學辦理的師傅校長培訓，則由臺北市政府教育局委託，隸屬於「臺北校長學——學校卓越領導人才發展方案」之一部分（劉春榮，2022）。由於師傅校長培育在國內僅有數年歷史，未經過經年累積的實證辦理經驗，因此在探討如何培育師傅校長上，便需要找出核心的關鍵詞、各種細項與配套措施，才能形成一個體系，展開執行規劃，而上述兩單位的辦理經驗，亦是規劃培育制度上很好的參考標的。

　　在建構師傅校長培育系統上，由於這是一個先驅的、開創的方案，因此應該要考慮到下述各種配套。

壹 如何界定師傅校長

　　一個培育體系必須有穩定的學員來源，且要能持續性的辦理，因此如何界定參與培育方案的師傅校長便為第一要務。相關關鍵設定，包含「對象」、「資格」、「經歷」、「各種附加條件」、「是否經過推薦產生人選」等。

　　這些條件加總後，乃可成為參與培育的對象。在這些條件之外，開課人數也應該配合各縣市校數規模與辦理候用校長甄選的頻率，設定該縣市一期參與培育的人數。至於培育的方式是要採取推薦制（如教育行政機關或地方校長協會推薦）或是開放制（具備本項所列各種資格條件者皆可參與）亦是本階段要評估的原則。

貳 師傅校長的角色任務

　　培育後的師傅校長，該扮演何種角色？其任務為何？此項目在規劃時，需要依上一項目所界定的師傅校長資歷，判斷師傅校長具備何種經歷。師傅校長可扮演「師徒制」的角色，亦可以和國內其他的校長專業發展方案，如「校長課程與教學領導」、「課啟校長」（coach）等連結，具體析出校長在擔任初、現任校長陪伴者、協助處理校園危機、協助地方教育發展上的角色與任務，然後再將為了遂行這些角色任務所需的素養和知能融入培育的課程中。

參 如何規劃培育課程

　　培育課程的規劃必須有系統性。不僅要符應上兩項的需求，由於師傅校長培育設定為最高階的校長職涯專業發展階段，因此系列課程不能只是求其經驗的增加，亦要有「增能」（empower）的效果，協助師傅校長從經驗中提取實踐智慧，找到自我的校長心智（principal mind）。

　　師傅校長培育課程在規劃上，需要注意到在規劃課程中容易觸及的

「三大問題」，亦即：(1) 不能任由培育／開課單位認爲哪個課程需要，就列入哪項課程；(2) 亦不能受限於講授師資的專長，而定好符合其專長，但卻不是師傅校長需要的課程；(3) 也不能將校長儲訓時的課程，直接複製作爲培育師傅校長的課程。理由是師傅校長在經過幾個任期的淬鍊，其視野早已超越了當初接受通則性概念儲訓的境界，且在加入地方、學校生態的洗禮後，適用可讓其願意坐下來參與，而不是覺得在浪費時間的課程。因此課程設計與教學上，必須能提取其經驗，透過發表、討論、辯詰等方式進行，如此方能讓其覺得有感，而樂於參與。

規劃課程上，當然外國的先行經驗必須參考。其次，因爲把師傅校長培育界定爲校長職涯專業發展的最高階段，因此需融入我國與各國的校長專業標準，讓校長專業標準中較需要時間沉澱的高度素養，反應在培育的課程實施中。

最後，所設計出的課程，仍應視辦理狀況，對課程內涵、教學模式、講師邀聘、學員回饋等進行滾動式修正，方能讓培育課程不斷精進，且符合師傅校長本位、縣市教育本位的需求。

肆　如何完善培育課程的體系

師傅校長培育課程，不應該僅爲單一次的套裝課程，讓師傅校長修讀過後便可結業，參與師傅校長工作。一次性的套裝課程，容易讓師傅校長認爲是一種「研習」或是「加註專長班」，而輕視了培育課程在課程架構與培育體系上的嚴謹性。

是故，在完善培育課程上，需要參考全校協和臺北市立大學目前正辦理的「培訓」課程，思考如何將一次性的培訓轉化、擴大成爲系統性的「培育」。

此時，應將建構「師傅校長培育指標」提上檯面。師傅校長培育指標的內涵，指向培育課程應該具備的具體內涵，師傅校長的培育指標，一如國內外師資培育指標有列出階段別般（大杉昭英，2020；國立彰化師範

大學師資培育中心，2023），亦可列出不同層次的階段（例如第一階段的「師傳校長養成」階段，以靜態課程爲優先；而第二階段的「典範傳承」階段，以實例探討與擔任講座者爲重點）。師傳校長培育指標的建構，必須掌握師傳校長接受培育及執行任務的狀況而定，因此在擬定上，必須先有試辦培訓的經驗，方能掌握有效資訊。在提出培育指標後，後續亦可以透過辦理回流教育分享輔導經驗或是師傳校長論壇、工作坊等方式，擴充培育體系，讓培育形成一套可行的連續性專業支持方案。

第四節　本書各章內容

　　基於以上對師傳校長培育定位、功能與發展步驟的論述，本書「師傳校長培育」將分爲三大部分展開。第一部分爲在理念與理論上探討師傳校長培育的相關概念，第二部分是師傳校長培育體系的規劃，第三部分則屬於如何善用師傳校長，透過實踐與具體運用的步驟，讓師傳校長形成一套制度的嘗試。以下介紹之。

壹　師傳校長培育的理念與理論

　　本篇「師傳校長培育的理念與理論」包含五章。主要探討範圍除作爲序論的本章外，將觸及師傳校長培育的使命與任務、師傳校長的專業倫理、師傳校長培育的相關理論，這幾章的內容皆是本章前述所提：要規劃創立師傳校長培育體系所必先認識的基本架構。

　　其次，「美國與日本的師傳校長培育方案」及「以校長同僚性和實踐智慧的傳承發揮校長心智」一則爲足資參考的主要國家培育師傳校長的經驗，一則爲提供參與師傳校長培育者了解「師傳校長需要何種能力？」「師傳校長的工作又可以發揮何種力量？」的理論論述。

　　透過本篇各章的介紹，可讓閱讀本書的主管機關、地方教育行政機

關、要開設相關培育課程的師資培育大學、參與培育的師傅校長等讀者
了解師傅校長培育的議題與架構，有助於對師傅校長培育產生系統性的
認識。

 ## 師傅校長培育體系規劃

　　本篇「師傅校長培育體系規劃」包含四章（第六章到第九章），分別
是師傅校長培育體系的建構、師傅校長培育課程的規劃與修訂、師傅校長
回流與增能架構的設計，以及師傅校長證照的制度設計。

　　參與本篇各章的撰稿者，皆有參與全校協師傅校長培訓計畫，亦是從
無到有、規劃出該培訓計畫的執行者。他們透過方案的規劃、執行、省思
與改進，觀察到各種發展師傅校長培育體系上值得探討的議題，因此所撰
述的各章內涵，最具參考價值。特別是曾經參與師傅校長的讀者，更可從
中了解到當時參與課程，並在結訓後回過頭來看待整個參與歷程所得的一
種後設認知、後設評鑑的省思。

 ## 師傅校長制度的實踐與運用策略

　　本篇「師傅校長制度的實踐與運用策略」，共有四章。第十章所述的
是各縣市的師傅校長在培訓後的運用實例。由於各縣市作法的不同，因此
這些實例也擴充了對師傅校長任務空間的想像，突顯師傅校長的功能和
必要性。第十一章是各地運用師傅校長，建構出校長專業支持系統的案
例。第十二章則以影響力取向的觀點探討校長如何創新學校經營。第十三
章所論述的師徒制，是一種師傅和徒弟的連結，師傅校長該如何運用師徒
制達成使命？在本章有鮮明的描寫。

　　終章則是探討師傅校長培育制度可以帶來的改變。師傅校長培育上路
之後，是否能為中小學學校教育帶來新的、向上的發展，或是培育最後終
將淪為一個空泛的制度，而無以發揮作用？為讓師傅校長培育能不斷精

進，作爲全書結論的本章從多面向來看待「師傅校長」，應可讓讀者從中再一次的感受與檢視發展本議題的價值。

第五節　結語

　　本書爲國內首冊探討師傅校長培育的專論，在書中三大部分的各章中所探討之內容，僅爲作者群當前根據數年來蒐集國內外相關作法撰寫的成果，後續在本書主題——師傅校長培育上定會有更多值得探究的主題。且國內經歷數年度的師傅校長培育後，亦喚起了各地方教育主管機關對「師傅校長」功能的重視；地方教育主管機關，也越來越期待他們的師傅校長能在培育體系中培養更豐富的專業素養，形成協助地方教育發展的戰力。因此未來師傅校長培育的議題，仍有許多可以探討的空間，值得有識者定期透過學術研究、實踐觀察與調查等，來蓄積與豐富本議題的內涵。作者群亦會持續撰稿探討後續有關於師傅校長培育的主題，例如師徒制的對話與作業量表、各種協助師傅校長運用於檢視所陪伴校長的學校經營的工具、全國性師傅校長論壇的議題設定、國際師傅校長交流比較等，讓師傅校長培育的領域更加完整，以促進中小學學校教育的發展，讓學校教育隨時代創新。

師傅校長培育的
理念與理論

第一章

師傅校長的使命與任務

方慶林

第一節 前言

　　在公共教育中，教師培訓在 20 世紀 80 年代初開始引進「師傅」制度，作為減少人員流失和提高教學品質之作為。師傅校長課程乃新興國家趨勢，提供新手進入實務或專業領域的典範。各行各業為了使新手進入實務或專業領域時，能得到廣泛認同的典範與學習楷模，並進而縮短摸索時間早日成為領域專家，也越來越注重師傅制度的導入，包括法律、醫學、護理及商業、工程、建築等。

　　學校願景是校長凝聚全校親師生共識後，全體共同努力的目標。在願景大架構下，學校依序訂下具體目標、行動方案，乃至於關鍵績效指標（key performance indicator, KPI）。透過逐步檢視，反省修正，擘劃讓學生達到成功之路徑。師傅校長能輔助徒弟校長建立辦學信心，扮演諮商者或是資源提供者，對徒弟校長生涯發展成功與否有莫大關聯性。使命如同願景一樣，具有引導方向的功能，使命確認，其具體任務就可逐步檢視。中小學教師經歷組長、主任到校長、師傅校長，從執行者到單位領導者、服務陪伴者，是一連串職涯角色轉換過程。因此，本章將從文獻中整

理資料，來論述師傅校長所肩負之使命與應執行之任務。

第二節　師傅校長使命

　　師傅（mentor）：智者也，指導初學者。師傅是「亦師亦友、指引未具經驗的成年人」。師傅是提供他人有成長機會的專家。師傅是一位經驗豐富的個人，樂意與其他相對較缺乏經驗的人分享自己的知識，而建立起互相信任的關係。陳嘉彌（1998）認爲師傅乃在學習與日常生活中，在技術學習、知識研究、做人處事、事業發展等方面願意殷勤指點者，而被學習者尊稱爲「師傅」。陳木金等人（2010）將師傅校長定義爲「能幫助較缺乏經驗的校長，在職務上，透過分享將經驗與智慧傳承，使其更能熟悉實務運作情形並做出適宜的處置。」因此，師傅校長對徒弟校長發展扮演關鍵角色，本身必須具備一定的校長資歷、值得信賴的人格與辦學績效。另師傅校長係爲一位具有教育專業素養、同理心、積極熱誠的人格，願意奉獻時間協助徒弟釐清辦學困境，不斷學習思考與反省的終身學習者。

　　丁一顧和張德銳（2002）認爲一位成功的師傅校長，其特徵是：足夠的校長經驗、開放溫暖的人格特質、協助意願及熱誠、對教育生態掌握與了解、能持續不斷的學習、良好的領導品質及能接受各種不同的問題解決策略。陳添丁（2005）認爲：(1)「具備豐富實務經驗」；(2)「能激勵初任校長發揮潛能」；(3)「能指出初任校長問題所在」；(4)「能不斷學習和反省思考」；(5)「表現開放、溫暖的人格特質」。顯見師傅校長不僅要具有豐富的實務經驗，不斷地學習和成長，更重要的能啟發徒弟校長的獨立思考與解決問題之能力。巫孟蓁（2007）更指出，理想的師傅校長特質包括師傅教導態度、個人自我要求、人際關係技巧、主動學習意願與經營實務素養五個面向。

　　Low（2001）研究新加坡的校長培訓方案（Preparation of Aspiring

Principals in Singapore），指出師傅校長是指那些有「高度表現」的校長，而且在工作上被視為是具有效能的。師傅校長制度是資深專家引導新任者發展自我之歷程，此發展進程包含個人成長，以及工作經歷與生涯之指引。透過師傅校長之實務教導，進行專業知能之傳承，徒弟校長乃得藉由師徒制之學習，獲得師傅校長直接而建設性之輔導指正，減少生手校長於黑暗中自我探索所導致耗損之可能。Capasso 和 Daresh（2000）指出，一位理想的師傅應具有下列能力：(1) 專家知識技巧；(2) 熱忱且有能力傳達受輔導者的情感感覺；(3) 清晰的態度與價值觀及倫理標準；(4) 重視受輔導者目標、標準、能力及專業行為之過程；(5) 有能力傾聽他人觀點、質疑、問題及焦點；(6) 存在著一種關心的態度和信念。

壹　師傅校長人格特質

　　談論師傅校長使命前，相對於師傅校長人格特質描述，從具體客觀條件思考，參考國內外經驗及研究論述，或許能提供更清晰之輪廓。美國維吉尼亞州師傅校長條件，包括：(1) 5 年行政經驗；(2) 完成州規定課程；(3) 有能力展現有效的行政策略；(4) 能扮演傾聽者；(5) 能公開溝通；(6) 具備觀察指導技巧；(7) 擁有電腦能力。紐西蘭的 Evaluation Associates（1999）在「Beginning principal mentor(s)」中指出擔任師傅校長條件，包括：(1) 現任校長；(2) 已任滿第一或第二任的校長；(3) 有成功領導學校的績效；(4) 了解整體學校現況，包含計畫與政策趨勢；(5) 與在地校長團體建立網絡；(6) 經校長協會、教育局推薦。丁一顧和張德銳（2002）針對臺北縣市 200 位國民小學校長的調查，校長們普遍認為擔任師傅校長的年資應該在 8 年以上。陳添丁（2005）針對師傅校長年資，以 5 年以上至 8 年以內的經驗最為適宜。中華民國中小學校長協會（2018）在「師傅校長培育及認證方案建構計畫」中，提出師傅校長的條件，包括必須歷經 2 所學校為必要條件，且需曾獲得校長領導卓越獎、師鐸獎、教育部教學卓越學校金質獎或閱讀磐石獎等全國性獎項之校長，並經縣市教育局（處）推薦，方具有參與師傅校長培訓，進而擔任師傅校長之資格。

貳 師傅校長「使命」的內涵

「使命」具有四個主要內涵，包括：(1) 方向性：使命具有上位概念，指導團隊前進與目標完成；(2) 神聖性：用熱誠與奉獻服務精神達成協助發展之目的，不計成本付出；(3) 團結性：凝聚夥伴關係，促使大家共同遵守成為規範；(4) 專業性：師傅校長除本身具有專業外，用專業引導徒弟思考解決策略，遵守專業規範不逾矩。

陳木金和巫孟蓁（2008）指出，理想的師傅校長具體使命包括：(1) 師傅教導態度：願意投注時間、指出問題所在、激勵發揮潛能、塑造未來願景、表達期望期許、不怕青出於藍、引導學習發問；(2) 個人自我要求：具備領袖特質、接受其他可能、具有堅定信念、高度期許自己、信任自身能力、不斷反省思考、維持操守清廉；(3) 人際關係技巧：溫暖關心他人、處事成熟圓融、樂於溝通協調、明確認知環境；(4) 主動學習意願：主動探究問題、不斷學習進修、發展專業領域；(5) 經營實務素養：豐富實務經驗、經營績效卓越、掌握社會脈動。

蔡易芷（2005）認為，師傅主要使命就是協助新手達到專業成長、生涯發展及心理社會發展之目的，且提供情感上的支持，並使得師徒兩方皆能有所反思。方慶林（2021）提出，師傅校長接受委派，承擔輔導初任（新任）校長之具體使命：(1) 專業職責：不斷進修成為一位終身學習者，並發展指導策略智能，隨時關懷聯繫且積極投入時間指導後學；(2) 策略職責：協助初任校長分析討論學校優勢與劣勢，擬定校務發展計畫與突破策略；(3) 指導職責：師傅校長給予具體指導建議，參與學校相關會議、面談，引進資源協助發展，讓初任（新任）校長感受到溫暖力量。

綜上所述，師傅校長的使命包括：(1) 願意投注時間指導徒弟；(2) 個人自我要求、不斷省思；(3) 溫暖關心他人；(4) 主動學習、發展專業領域，提升專業資本；(5) 經營實務素養、掌握社會脈動、傳遞學校文化；(6) 成為校長辦學支持系統，協助解決困境；(7) 發揚教育政策理念、贏得社會認同、增進光榮感。

　　師傅的圖像集榮譽、尊榮與專業於一身。師傅校長的使命，透過培訓過程讓師傅校長討論對話、獲得信任與支持、尊榮與成長。不論在校長的服務年資有多久，亦不論在職或退休，只要完成結訓成為師傅的一員，教育熱誠與共好也已然成為大家共同的新使命。

第三節　師傅校長任務

　　「任務」與「工作」常互為運用，惟任務具有明確目標與功能性。又因為任務的具體性與功能的明確性，所對團隊或個人，甚至可以用關鍵績效指標（KPI）來當作是一個衡量標準。透過師傅校長使命建立明確任務，結合 KPI 幫助所有人做出最好之判斷與建議，也當作是師傅校長輔導之具體績效。然因為輔導成效牽涉之因素非常廣泛，更無法用量化之 KPI 當作是唯一參考，否則便失去教育人的溫度。

　　吳清山和林天祐（1999）認為，認知學徒制（cognitive apprenticeship）係師法傳統師徒傳授技藝的模式，讓具有實務經驗的專家引領新手進行學習，經由專家的示範和講解，以及新手的觀察與主動學習，在一個真實的社會情境脈絡下，透過彼此的社會互動，讓新手主動建構知識學習的過程。陳木金等人（2005）指出，認知學徒制又稱為養成訓練，其主要目的在訓練學習者成為合格的技術或專業人員，是一種「師傅帶學徒」、「學徒向師傅學習」的教與學基本型態。蔡易芷（2005）指出，認知學徒制乃指在真實的社會情境下，經由專家的示範、教導、講解、支持，以引領新手學習，而新手則藉由觀察、模仿、反思，主動建構其知識，終而學得複雜技能。陳木金等人（2010）認為，師徒關係乃在真實的社會情境下，經由專家透過思維展現的方式進行示範、講解，而後給予新手支持、引領，幫助其學習所需的能力，而新手在學習的過程中，亦透過觀察、闡明、省思、探究的過程建構學習其認知與技能，並習得解決問題的能力。

　　臺北市政府教育局（2019）指出，師傅校長的任務為：(1) 應參與臺

北市政府教育局所委辦的師傅校長專業研習，增益師徒帶領的態度與知能；(2) 應為研究型校長，接受教育局委辦各項教育文化與學校經營的行動研究案。新加坡教育部賦予師傅校長「引導學校發展、訓練、社會化之職責」，擔任師傅校長被視作一種獎勵，是成為將來職務晉升的重要途徑，一旦成為師傅校長，於同儕或職員眼中享有高度聲望與能見度（引自李冠嫺，2007）。陳木金（2005）在「師傅校長經驗傳承的智慧資訊化」之研究中建構出師傅校長實務傳承五大工作：(1) 了解學校；(2) 就任校長；(3) 推動校務；(4) 化解衝突；(5) 生涯發展。陳木金等人（2010）於師傅教導課程系統（mentor teaching system）指出，師傅校長的六個任務為示範、教導、連結、闡述、展望與反應，其意涵為：(1) 示範：教導者（師傅校長）應建立學習者（徒弟校長）對專業任務的整體觀；(2) 教導：學習者在教導者的輔助（指示和回饋）下演練；(3) 連結：當給予徒弟鷹架使其獨立執行工作，建構專業發展的知識脈絡；(4) 闡述：徒弟應學習向人解釋其完成任務過程的理解，培養其對工作流程的管理能力；(5) 展望：將問題解決過程和專家同儕模式進行對照，發展統觀全局的能力；(6) 反應：發現屬於自己的問題解決型式，建構解決問題能力，藉以豐富其校長專業能力。

　　Busher 和 Paxton（1997）指出，師傅校長任務在幫助初任校長分析學校專業發展需求，開展教師個人發展計畫，從事學校的組織分析及評鑑學校的表現。Hobson（2003）認為師傅校長職責：(1) 協助初任校長解決他們的問題；(2) 扮演催化劑（catalyst）或是徵詢意見之人（sounding board）的角色；(3) 提供連結資源；(4) 討論各種與學校經營相關的議題，為學校提供解決的方法。美國維吉尼亞州認為師傅校長具體職責，包括：(1) 依上級行政指示完成相關計畫；(2) 每學期必須與校長面談至少 3 次；(3) 完成師傅校長日誌，如觀察會議，日誌內容包括會議日期和討論主題；(4) 會議主題的討論不限於特定人員評估，包括經費預算、教學領導、公共關係、會議技巧等；(5) 師傅校長在規定職責外，應利用放假時間進行指導；(6) 師傅校長是專業楷模榜樣；(7) 透過行政輔導參加學校的

相關會議與訪談特定人員，了解學校問題癥結，提供回饋意見。

　　Evaluation Associates（1999）指出，師傅校長必須完成以下任務，以履行其職責，包括：(1) 擔任師傅校長的第一學期內親自與新任校長會面，以確定他們在學校日常管理中的能力，以及所需的支持；(2) 協助完成學校日常管理運作清單，並確定支持的重點，且告知初任校長區域的聯繫網絡工作；(3) 利用檢核表，以每學期為基礎，為日常管理提供即時支持與指導；(4) 透過電話及每學期一次現場訪問，為初任校長提供持續的支持；(5) 在每天例行學校管理工作上提供回饋；(6) 參加師傅校長發展會議；(7) 每學期使用評估報告表提供報告，概述對初任校長提供的支持與輔導成效；(8) 師傅校長可領取相關補助包括車馬費；(9) 師傅校長與初任校長之學校董事會定期溝通，確認其符合校長領導標準的要求。

　　因此，Evaluation Associates（1999）認為，擔任師傅校長具體工作項目包括：(1) 師傅校長是初任校長最信任的人，在每天例行事務遭質疑或問題時，第一個想到聯繫的人；(2) 保持聯繫管道暢通，提供及時諮詢；(3) 為初任校長建立支持網絡；(4) 師傅校長將與初任校長、專家人才庫保持積極的合作關係。方慶林（2021）則將師傅校長的任務聚焦在輔導初任校長的工作上，並提出師傅校長的輔導工作有「專業任務」、「教導任務」、「例行任務」與「上級任務」四大項，茲說明如下：

1. 專業任務：如參加專業師傅校長成長研習，協助上級機關交辦之行動研究。

2. 教導任務：包括示範專業、教導演練、連結資源。另外在初任校長到任學校可能面臨的實務問題，如整合校內資源、了解校內重要領導者之接洽技巧、對事物輕重緩急之拿捏等實際狀況，透過師傅校長直接教導，就能更順利銜接角色之轉換。

3. 例行任務：包括建立信關係、運用電話時常表達關心、具體給予回饋建議表、協助如何回應地方與教育局之期待等，都是師傅校長例行任務。

4. 上級任務：師傅校長透過師傅校長會議或重要會議，回饋初任校長之表現及所提供之資源協助，審視評估輔導之成效。

師傅校長是一位居上位的觀察家、輔導協助者，具有崇高尊榮感與榮譽心。肩負之任務多元複雜，因為是抽離當事情境角色，所以可以客觀分析，運用自身辦學經驗給予建議。然卻也因為不是當事校長，面臨質疑壓力不可言喻，能否對症下藥，完全解決學校難題，風險與不確定性相當高，不小心可能還會賠上自己一生的尊榮與清譽。因此，對於擔任師傅校長工作的前輩永保尊敬與感恩，才是每一位徒弟校長該有的心態。

第四節 結語

本章概述了師傅校長肩負的使命與應遂行之任務，也闡述了師傅校長角色及綜整使命與任務兩項概念。中小學校長要擔任一位合適的師傅校長，需具備一定的年資與績效、保持榮譽心、具備崇高使命感。擔任師傅校長，更是整個校長專業發展的最上位層級，也需承擔必要的使命與任務。也因此，師傅校長必須展現教育專業素養、同理心、積極熱誠的人格特質，願意奉獻時間協助徒弟校長釐清辦學困境，最後成為校長治理學校之學習楷模。

「一日師傅，終身師傅。」教育是充滿溫暖與人情味、引領徒弟向上發展、成人之美的志業。教育路上，先來後到相互提攜勉勵，永遠是學校最美的風景。

第二章

師傅校長的專業倫理

游子賢

第一節 前言

　　現今處於一個高度專業分工的社會，各領域都有其需遵守之專業倫理，身處教育領域中的校長亦不例外。學校教育對學生的人格發展十分重要，在學期間的學生正處於道德發展的關鍵時期，身邊的人事物皆會影響其道德發展，而校長更是影響一所學校的重要關鍵因素。西方更有一句俗諺形容「有怎樣的校長，就有怎樣的學校。」從此更可突顯校長專業倫理對於學校教育的重要性。

　　我國目前對專業倫理的探討與研究尚稱豐富，無論是教育行政人員或教師的專業倫理皆有研究與專文發表於眾。相較之下，對於校長專業倫理的研究就相對較少，而專門討論師傅校長專業倫理的文章、研究更不常見。本章希望透過對於師傅校長專業倫理的梳理及闡述，能為師傅校長就其領域增加內涵，從而使我國師傅校長制度及體系在實際執行運作時能更臻完備。

　　承上所述，本書係以校長群體中之師傅校長進行探究。一位好的師傅校長，不僅能在自身學校的校務經營上游刃有餘，更有能力與意願去協助

或輔導其他初任及現任校長，在師徒般的輔導、陪伴關係中，師傅校長在與初、現任校長互動交流時，常常會涉及許多價值意見的交換，亦或是與校務經營治理上較為私密的訊息交流。在這樣的情形下，師傅校長若不重視師傅校長自身的專業倫理，則有可能對於初、現任校長造成傷害。故本章將對於師傅校長之專業倫理進行討論。

本章首先對於倫理學及專業倫理之概念、理論進行闡述，再依據師傅校長獨有之使命、任務探究出屬於師傅校長的專業倫理內涵，最後，對於師傅校長專業倫理的實踐與限制提供意見。希冀師傅校長對於其專業倫理有更多的了解後，能在行為與價值上更符應專業倫理之內涵，如此，師傅校長在專業上將有更好的提升。相信師傅校長在透過師徒關係為初、現任校長提供意見及解決問題的同時，也將使我國學校教育的未來有更佳的發展。

第二節　師傅校長專業倫理的意涵

專業倫理一詞，是包含了專業及倫理兩個概念，所謂專業係指某一領域中經由充足的教育及訓練，進而建立專門的知識和技能。而在專業的特徵中，亦包含了需遵守倫理的規範（吳清山，2016）。倫理，一個由古至今持續受到重視的概念。依教育部《重編國語辭典》之解釋，倫理之釋義為「人倫道德的常理」；進一步細究「倫」之意，可解釋為「常理，人與人之間的正常關係。」在《說文解字》中說到：「倫，輩也。」綜上所述，倫理可以被理解為人與人相處關係中的行為規範及準則。

倫理學是屬於哲學範疇，主要是探討道德的價值（吳清山，2023）。其分類的廣泛，依其性質、目的又可分為不同的倫理內涵。若依性質，可分為效益論、德性論、義務論等。邊沁為效益倫主要代表人物，其內涵主張人們的行為要能使最大多數的人帶來最大多數的快樂，如此行為才能算道德行為。義務倫則是由德國哲學家康德所提出，該理論認為唯有為倫理

道德本身去做的行為方能稱得上是道德，若是像追求利益為目的的行為就不能稱為道德行為。德性論可以追溯到古希臘時代，該理論強調的是要成為怎樣的人，因此其重點不著重在人要做什麼，而是應該要成為怎樣的人，因為成為一個怎樣的人會呈現在其行為中。

在倫理之應用方面，又可區分為如家庭倫理、學術倫理、專業倫理等不同範疇（張雅玲等人，2021）。每種倫理在其應用上都有其重要性，例如遵守學術倫理對於每位研究者都至關重要，在研究中稍有違反學術倫理之處，不僅會讓外界質疑，更可能招來嚴重的後果。至於專業倫理的實踐，則可以為該領域的全體帶來更好的專業地位，並能提升社會大眾對於該領域的信賴。因此，本章所欲探究的即為專屬於師傅校長的專業倫理。

在了解專業倫理之意涵後，本章將分析師傅校長的專業倫理之涵義。師傅校長專業倫理，係依其特有之使命及任務所衍生出給予師傅校長遵守的一套價值、行為規範。

第三節　師傅校長專業倫理的內涵

在教育領域當中，張德銳（2016）將教師的專業倫理區分為「有所為」及「有所不為」。將此概念轉化運用於師傅校長的專業倫理中，則可分成積極與消極兩種專業倫理。所謂積極與消極的專業倫理，以較簡單之方式理解，即師傅校長「應該做什麼」及「不應該做什麼」。在應該做到的部分，師傅校長應積極完成；反之，不應該的部分，師傅校長則應儘量避免。茲論述師傅校長積極與消極的專業倫理內涵如下。

積極的師傅校長專業倫理

師傅校長積極的專業倫理應包含以下幾個內涵：

一、以利他負責的專業精神，輔導、陪伴初、現任校長

師傅校長角色最重要的任務，即是輔導及陪伴初、現任校長，在這樣的師徒關係中，經常會與初、現任校長產生較為頻繁的互動。在互動過程中，師傅校長為了輔導及陪伴初、現任校長，其自身需具備利他的精神，以不求回報之態度運用自身專業，協助初、現任校長解決問題，並且能同理初、現任校長所遭遇之困境，提供適切之陪伴及處理問題之建議，從而成為一名對於被輔導、陪伴之對象負責且稱職的師傅校長。

二、積極參與培訓增能課程，提升自身知能

如同任何一個專業領域的人才一樣，師傅校長為能有效地協助初、現任校長，需不斷提升自身專業能力，藉此符應教育環境之複雜性、變動性及不確定性的特點（林雍智，2021）。而要提升專業能力，較為直接之方法就是參與師傅校長相關之培訓增能課程，例如師傅校長培訓課程、回流課程、論壇對話等。這些增能課程主要由全校協負責我國絕大多數縣市之規劃及辦理，而臺北市師傅校長相關增能課程及研習，則由臺北市政府教育局委託臺北市立大學辦理（負責單位為教育行政與評鑑研究所的校長中心）。上述我國目前主要辦理師傅校長課程的兩個單位對於師傅校長相關增能課程的辦理及規劃已有數年之經驗，兩個單位對於縣市師傅校長培訓也已逐漸常態化，例如全校協除已完成 19 縣市之第一梯次師傅校長培訓外，更已於新北市辦理該縣市第二梯次之師傅校長培訓；臺北市亦於 111 年培育「傳鐸二期」的師傅校長。

三、宜具備倫理領導的能力，符應身分需求

師傅校長如具備倫理領導之能力，不但在自身校務治理中能對學校有正向影響，亦能在輔導徒弟校長時，對於形塑其校長職涯有其助益。游子賢（2022）指出：

> 校長要實踐倫理領導則需要注意以下幾個面向，如：「公平正直」、「真誠信任」、「道德規範」、「利他負責」、「言行一致」。

在這些面向當中，許多概念都值得師傅校長去熟悉並實踐。像是真誠信任，師傅校長與初、現任校長在互動之初，應以真誠的態度，讓雙方能建立相互信任的關係。只有在彼此信任後，初、現任校長才能無後顧之憂的將自己遇到的困境鉅細靡遺地述說給師傅校長。而身為師傅校長，在校長界因經驗資深，其一舉一動也會被視為其他校長的楷模，在這樣的情形下，師傅校長的作為就非常重要，需能符合道德規範且能言行一致。如此一來，方能符應其師傅校長身分。

四、熟悉縣市教育政策脈絡，協助地方教育政策推動

現行我國各縣市師傅校長之人選，絕大多數係由縣市政府教育局（處）所推薦，故該師傅校長除具輔導初、現校長之任務外，也應熟悉縣市教育政策脈絡，幫助縣市政府推動地方教育及學校辦學。若師傅校長能成為該縣市之教育政策的重要推動者及執行者，則不僅對於初、現任校長之辦學能有所助益，亦能使地方縣市之教育政策或特色更進一步落實。

在實務上，縣市政府教育局（處）在師傅校長的運用上，也在規劃如何發揮專屬於師傅校長的角色任務。目前師傅校長除輔導初、現任校長外，有的縣市亦邀請師傅校長擔任講座主講，可知師傅校長在地方教育上有著更多的附加價值。有的縣市更邀請受過培訓之師傅校長出任縣市政府的教育局（處）長，可見一位有辦學經驗的師傅校長，除了能協助地方教

育的推動，更有甚者，能引領地方教育的發展，成爲教育政策的擘畫者。

消極的師傅校長專業倫理

消極的師傅校長專業倫理應該要注意下述事項，並盡力避免之：

一、不可洩露輔導對象之隱私資訊

師傅校長在輔導初、現任校長時，爲了解初、現任校長當前所遇到之困境及事情處理脈絡，往往會在與輔導對象談話時，知悉許多有關初、現任校長自身及學校較爲私密之資訊。師傅校長在得知這些訊息後，需時時刻刻注意不可洩露給非相關之人員，一旦這些隱私的訊息外流，輕則可能造成外人對被輔導校長之非議，重則更可能對於被輔導校長學校之實質傷害。

因此，「保密」乃是師傅校長專業倫理中極爲重要的部分。因爲師傅校長要能獲得初、現任校長的信任，不洩漏其資訊是基本需遵守的規範。在很多專業領域當中，保守當事人的祕密資訊是被規範在其專業倫理當中的，例如醫學或諮商等領域，皆有專業倫理守則對於從業人員要保守祕密進行規範。

二、應盡量避免自身不道德的行為

俗話說：「身教重於言教。」師傅校長身爲徒弟校長（初、現任校長）的楷模及榜樣，可以說是徒弟校長重要的學習對象，許多問題處理、行爲舉止皆參考師傅校長的言行。故師傅校長應注意自身之行爲是否符合倫理道德之規範，在事情處理上或與他人應對進退上，需謹愼小心。

除徒弟校長之外，一般社會大眾普遍對於身處教育領域中的校長，一直有著較高的倫理道德規範及期待。惟現今社會有時可以看到有關校長的負面新聞，例如酒駕、失態、不倫等報導內容，這些新聞確實使社會大眾對於校長的觀感產生較差的影響。綜上所述，師傅校長要避免不道德的行爲出現。

三、不宜出現有上對下的指導心態

　　師傅校長在與初、現任校長的互動過程中，應係屬於同儕間的交流，因此師傅校長不宜對於初、現任校長有強烈的指導態度。一位校長經過組長、主任等行政職務的歷練，加上校長培訓時所受的訓練，在擔任校長一職上能力應足以勝任，只是在初次擔任校長時會稍顯生疏，在遇到校園事件或較難處理之問題時，難免會亂了手腳，這時師傅校長所需幫助初、現任校長的主要功能就是從旁陪伴，並於必要時加以提點，也可在適當時機引介相關的資源及人脈，提供給初、現任校長。但在事情的決斷與決策上，仍需尊重初、現任校長的決定與作法，讓其能自主做出決定。初、現任校長唯有不斷嘗試自行做出決定後，並承擔最後之結果，才能逐漸積累校務治理的經驗，成為獨當一面的校長。

　　此外，能擔任師傅校長，其人格特質通常被期待為溫暖、善於傾聽及關懷他人。職是之故，師傅校長如果認為自身年資、經驗、輩分均高於對方，而採取高高在上的姿態，一來會較難與初、現任校長親近，二來亦難建立彼此信任的關係。如此，師傅校長在陪伴、輔導的功能上勢必大打折扣。

第四節　師傅校長專業倫理的實踐與限制

壹　師傅校長專業倫理應如何實踐

一、於師傅校長培訓課程或回流教育中增加關於師傅校長專業倫理的內容

　　「知」是「行」之始，任何專業倫理的實踐，都應先從認識其專業倫理內涵開始，了解其內涵後，方能於校長日常職涯中去落實。要如何讓師傅校長能增加對於專業倫理的認識，較為常見的方式，可於師傅校長培訓

課程或回流教育中增加對於師傅校長專業倫理闡述的部分。這些課程及回流教育的設計與規劃就是專門為師傅校長量身打造，相信直接於課程內加入專業倫理之內容能更好地讓師傅校長有所認識並學習。

簡瑞良與張美華（2021）亦認為辦理專業倫理研習有助於教師的專業倫理提升，因此無論是一般教師、校長還是本文所探討的師傅校長，將專業倫理規劃於培訓課程中，並非無先例可循。例如中華民國中小學校長協會所辦理之師傅校長培育中的回流教育，就曾以「師傅校長的使命任務與專業倫理」為題進行授課；臺北市校長培育班亦以「校長專業標準與倫理」為課程科目名稱（全校協，2022；劉春榮，2022）。

二、可建構師傅校長專業倫理守則或倫理信條，提供師傅校長參考

倫理守則（code of ethic）的功用，主要是用來說明那些被禁止的行為，是最常用來維護員工高道德標準的機制（Huddleston & Sands, 1995）；張德銳（2016）亦提及遵守專業倫理信條是任何專業工作者需必備的條件。目前我國主要培訓師傅校長的單位共有兩個，一為全校協之「中小學校長專業支持系統實踐與發展實施計畫」，現階段負責臺北市以外全國各縣市的師傅校長培訓，另一為臺北市立大學教育行政與評鑑研究所內的校長中心，主辦臺北市內的師傅校長培訓。上述兩單位可以對於授課講師及所培訓出之學員進行調查，進一步了解師傅校長培訓時所教授之專業倫理內涵應有哪些。由實際開辦師傅校長培訓課程的單位建構師傅校長專業倫理守則，如此，一來能更貼近師傅校長實際情形，二來在建構出師傅校長倫理守則後，能直接於培訓師傅校長時加入課程當中作為授課內容，使師傅校長專業倫理能更為直接地傳遞給師傅校長。

三、師傅校長將所學習到之專業倫理內涵落實於其日常中

師傅校長在認識及熟悉專業倫理內涵後，應將其內化成個人價值的一部分，並逐步於日常工作中實踐。一位校長是否符合專業倫理，可以從兩個層面去探討，除較容易觀察到的外在行為外，還有自身內在價值觀念或

思考模式。因專業倫理之意涵同時也包括內在價值及外在行為，兩者缺一不可，如外在行為或內在價值有一方未能符合倫理的作法，就不能稱得上符合專業倫理。故師傅校長應內外兼修，使自身言行及內在價值觀都足以成為一個符合專業倫理之師傅校長。

四、實踐師傅校長專業倫理之限制

(一) VUCA時代，資訊及價值快速頻繁變動

　　吳清山（2023）指出，現今處於 VUCA 的時代，即 Volatility（易變性）、Uncertainty（不確定性）、Complexity（複雜性）、Ambiguity（模糊性）。師傅校長往往需因應快速變動的外在情境，與不斷更迭的資訊。而師傅校長在選取上，較多以資深校長或退休校長為主，這些師傅校長校務經營經驗豐富，但有時在最新資訊的掌握上，不見得能明顯優於被輔導的初、現任校長。再者，社會價值的快速變動，也會加快倫理內涵的轉變。正如 150 年前所遵循的倫理，已不見得完全適用於今日的社會環境，而進入 VUCA 時代後，更是縮短了倫理內涵的週期，這使得師傅校長在實踐專業倫理時，可能也必須不斷自省有關自身的專業倫理內涵為何？

(二) 地方政府對於師傅校長的培訓及運用情形不一

　　我國各縣市對於師傅校長培訓名單的勾選、培訓方式及實際運用上皆有不同的作法。有的縣市在培訓師傅校長時選擇以退休校長居多，如此師傅校長在培訓完畢後，因為自身沒有校務經營的壓力，因此可以有更多時間與精力放在輔導及陪伴初、現任校長上。有的縣市則多以現職校長作為師傅校長培訓對象，同樣身為現職校長，在學校教育現場自然是相當熟悉，但有時既要顧及自身學校，又要撥空關心初、現任校長，定會耗費較多心力，並且可能面臨到要投入多少時間給自身學校與初、現任校長的「倫理兩難」情境中。

　　部分縣市將師傅校長單純運用在對於初任校長的輔導上，而少數縣

市則同時賦予師傅校長更多的任務，例如辦理講座邀請師傅校長擔任講者。師傅校長在不同運用情形下，其專業倫理所著重的內容可能產生變化。

第五節　結語

　　教育是注重倫理道德的良心事業，校長又是學校教育的關鍵角色，因此師傅校長肩負的責任十分重大，只有堅守自身的專業倫理，才能在陪伴及輔導初、現任校長時，能順利地解決校務經營時碰到的各式難題。又，教育無他，愛與榜樣而已，可以說一位稱職且優良的師傅校長就是初、現任校長最好的榜樣。

　　現今的校長學領域中，時常可以看到各式各樣的增能研習及工作坊，這些增能活動大部分皆是屬於專業知識、理論的學習與實務面的操作，關於倫理道德等內在價值探討的部分則較少。在我國，校長已是學校中教學與領導的重要角色，而師傅校長更是校長職務中少數極具豐富治校經驗且熟稔學校現場的一群人。在理論知識與實務經驗都極為充足的師傅校長，唯有繼續精進及符合專業倫理，才能符應師傅校長的使命與任務，並彰顯師傅校長的尊榮感。期望師傅校長透過自身使命，注重師傅校長專業倫理，為我國校長在校務經營及職涯專業發展上能帶來正向之幫助，進而讓我國學校教育能更佳優良，造福更多莘莘學子。

　　師傅校長專業倫理的探討，在我國尚處於萌芽階段，相關研究與論文仍不多見。本章所闡述之師傅校長專業倫理將其分為積極與消極兩種類型，而此兩種類型下的專業倫理內涵亦為依據師傅校長使命、任務之內容所衍生出來，並在中華民國中小學校長協會辦理全國師傅校長培訓時，逐漸發展出來，兼顧理論與實務。希望能以本章為起點，日後學術與實務領域對於師傅校長專業倫理之內涵進行更有系統的研究，從而發展出專屬師傅校長之專業倫理守則或指標等，讓教育界乃至於社會大眾皆對於師傅校長這一群體有充足的專業信賴感，也使師傅校長獲得受尊敬的地位。

第三章

師傅校長培育的相關理論

方慶林

第一節 前言

　　「師傅」一詞早在《荷馬史詩》的「奧德賽」中出現，指專門指導別人的智者。武俠小說稱為師傅之人都是各門各派，對武術有專精研究、獨樹一格，值得受人尊崇與學習的高人。早期農業社會，很多鄉下孩子到城市謀生，拜師學藝當學徒，經過三、五年後出師，師傅角色功不可沒。生活中學有專精的人，習慣以「師傅」、「教練」、「達人」尊稱，三詞雖概念稍有差異，但助人歷程皆值得肯定。師傅的智慧，其養成或學習過程，乃至於相關之理論不勝枚舉。學校校長之師傅，所謂師傅校長，除了本身是一位終身學習者、教育家外，更是初任或現任校長的學習典範。

　　本章以下將介紹有關師傅校長培育的相關理論，包括符號互動論、人力資源理論、人際關係理論、社會學習理論、終身學習理論與知識論。這些理論亦可作為成為一位師傅校長之歷程基礎。

第二節 師傅校長培育的理論

壹 符號互動論

師傅校長擁有豐富辦學經驗，然而經驗卻無法直接轉移運用在徒弟身上，因為每所學校有其特殊性、環境脈絡等。師徒互動交流傳授策略與方法，徒弟必須內化分析，才能成為解決問題的實務。

符號互動論提供對個人與社會互動、社會結構的看法，認為：人類對於事物所採取的行動是以事物對人的意義為基礎；社會互動應該是由個人追求目標之行動所交織而成的動態過程；社會結構應該是動態的。另其思考行動與互動模式為：人類有思考的能力，思考能力來自於社會互動（social interaction）的塑造；在社會互動中習得意義與象徵符號，以運用於獨特的思考能力上而做進一步的行動及互動；過程中以其對社會情境的詮釋，修正或改變其意義與象徵符號的內涵；且人類具有與自我互動的能力，透過這種能力檢驗行動，評估其相對的利弊得失，構成了團體與社會。

Aksan 等人（2009）指出人們生活在自然環境與象徵性環境中，透過互動的過程讓符號產生意義和價值。物體本身沒有意義，是從社會參與者互動獲得意義，是行動解釋（interpretation of the action）的過程。符號互動論認為：(1) 人們對事情的態度來自於事情對他的意義；(2) 意義來自於彼此互動中產生；(3) 意義的改變來自解釋過程。物體、人類、條件和事件沒有內在涵義，意義的產生來自於人類互動（Berg, 2000）。

方永泉（2000）指出符號互動論屬於社會學及社會心理學。社會心理學認為語言在人類心智、自我及社會的形成過程中占有重要地位，並主張人類只有透過個人與社會間的符號互動才能成為完全的個人。教育社會學中的符號互動論著重微觀研究，強調「情境定義」（definition of the situation），認為教室中師生的互動過程，是教師與學生基於其各自的生

活背景與文化因素下，對於教室情境所做的界定及所形成的態度，因此研究者必須實際參與行為，做長期的觀察，如此才能正確地解釋社會行為。

師傅校長可以用很客觀理性的角度分析事情，是因為尚未融入初任校長的現實情境與互動。因此，師傅校長在與初任校長互動中，真誠信任是非常重要之關鍵，讓師傅進入輔導對象之場域，真實互動了解事件背景，才能給予最貼切之建議與協助，產生意義和價值。

貳　人力資源理論

人才培育包括選、育、用、留等不同階段，人才運用從成本資產、資源管理到資本歷經不同階段。對於學校，所有人力資源的教育培訓都是一種投資（investment），而不是一種消費（expense）。從人力資源（human resources, HR）角度，林明地（2002）認為學校的組成，包括校長、學校行政人員、教師、學生、職員、家長與社區居民、上級教育行政機關人員，乃至於整體的大環境都屬於學校，整合人力資源才能對學校發揮最大效益。從人力資源管理（human resource management, HRM）角度，范熾文（2004）指出學校人力資源管理包括 7 個向度：(1) 人力資源分析；(2) 人力資源規劃；(3) 人力資源取得；(4) 人力資源發展；(5) 人力資源報酬；(6) 人力資源維護；與 (7) 人力資源的未來。Smith（2001）認為成功的組織一定有成功的人力資源管理，擁有最佳化的人力資源管理，就是建立高效能學校的最佳途徑。吳清山和林天祐（2002）提出學校人力資源管理包括建立整體性的人力資料庫、規劃系統性的進修訓練課程、建立績效本位的薪給制度、強化分工合作的組織團隊、提升員工工作環境的品質，以及建構滿足個人與組織需求的機制。Middlewood 和 Lumby（1998）則提出學校人力資源管理包括提高學校成員的素質、提升學校成員對組織的承諾與提高學校成員工作表現等。

從人力資源發展（human resource development, HRD）思考，歷程包括規劃性活動、需求評估、目標設定、計畫執行與績效評核等；透過系統

思考，以學習爲核心將組織的人力資源及其潛能與組織系統緊密連結，個人學習與組織學習是一種持續不斷的過程（MBA 智庫百科，2020）。

　　師傅校長無論是現職校長或已退休，都是擔任過二所學校以上，榮獲全國性競賽績優或領導卓越之校長，得到教育行政機關推薦，並接受完整培訓課程，才能取得師傅校長資格（或證書）。因此，可以擔任師傅校長，是一種榮譽感與成就感。師傅校長培訓課程體系之建構，是教育系統整體人力素質提升的進程，更是問題導向的策略知識運用。

參 人際關係理論

　　張春興（2007）認爲人際關係是指人與人之間的交互關係，人際關係的和諧與否關鍵在於個人的待人處事態度與能力。楊國樞（1984）認爲在交往的過程裡，人與人彼此構成對方的刺激，進而影響對方的感受、想法與行爲，而對方的行爲又轉成爲自己的社會性刺激，這種連續而互動的關係就稱爲人際關係。人際關係理論又可以包括以下理論：

一、社會交換理論（social exchange theory）

　　Homans（1950）認爲在人際互動過程中，所呈現出來的社會行爲是一種商品交換，個人所付出的行爲是爲了獲得報酬和逃避懲罰，並強調互動過程中的公平原則。Thibaut 和 Kelley（1959）提出代價與報酬（cost reward）關係理論，認爲人際互動是雙方藉由互動所得的報酬與代價之間互換的結果來決定。

二、人際需求理論（interpersonal needs theory）

　　Schutz（1958）提出人際需求理論（interpersonal needs theory），又稱爲人際關係三向度理論（three dimensional theory），包括接納需求（inclusion）、控制需求（control）及情感需求（affection）。「接納需求」乃覺得自己是有價值的，希望能有被愛、被關懷的感覺；「控制需

求」爲個人在權力、人際影響力及權威之間做決定；「情感需求」指兩人之間親密的情緒感覺，也就是個體以語言或非語言的方式向對方付出與接受情感的程度。

三、人格人際理論（interpersonal theory of personality）

Sullivan（1953）提出四個關鍵性概念：(1) 社會性：認爲人在一出生後，就生活在一個複雜、變動的人際關係之中；(2) 焦慮：人際領域中最具有決定作用的形成性影響，如果外界事物和他人的評價與自我系統不符時，他就會產生一種焦慮；(3) 操作：指個體在遇到自我系統與外界評價不相符合時，所做出的防禦功能；(4) 發展序列：認爲人格具有連續性，個體必須達到某種能力的成熟才能意識到外界環境中的種種人際關係。

在師徒關係結構中，依彼此互動情形，會出現「一對一輔導模式」、「一對多集體座談模式」、「問題導向專家模式」、「學長校長」及「coach一教練模式」等。無論師傅校長扮演何種角色，都是無所求的奉獻自己的實踐智慧與時間。因此，師徒關係若能追求眞誠與信任品質，才能構築人際關係橋梁，最終影響輔導成效。

肆　社會學習理論

由於師傅校長大都熟知教育專業知識，因此在培育師傅校長時，上課模式應從理論、實務演練到案例分享，以清楚的專業節奏進行，方能引發師傅校長的動機與深度探討、分享的意願，此種上課模式是有別於坐著聽課的校長儲訓課程的。在上課過程中，不論是正例或反例研討，小組可以充分對話，激盪出實用智慧。

Bandura 提出社會學習論及觀察學習（observational learning）。觀察學習是指個體以旁觀者身分觀察別人的行爲表現而獲得學習。替代學習乃從別人的學習經驗即學到新經驗，又稱爲無須練習的學習。另模仿爲個體在觀察學習時，向社會情境中某個人或團體行爲學習的歷程，被模仿

的對象稱為楷模。模仿學習有不同方式存在，同樣社會情境，不同學習者經由觀察未必學到同樣的社會行為。即使眾人所觀察的情境相同，其所表現的反應也會不一樣，原因是每個人的反應是經過認知判斷而後才表現於外的。學習情境中的任何一個刺激，對學習者而言具有不同的性質或意義。刺激分為名義刺激和功能刺激。名義刺激是客觀、可測量，對每一個人都是一樣；功能刺激會引起個體內在的認知與解釋，對每個人未必相同（張春興，2007）。

周麗玉（2000）指出個體所生活的、工作的與遊戲的社會環境對個人的態度、自我信念以及對世界的看法，都具有相當的影響力。其主要觀點為：(1) 個體的行為、認知和其他個人內在因素與環境具有交互決定（reciprocal determination）的連鎖關係；(2) 在自然的情境中，觀察的行為在適當的誘因下，觀察者會表現出來新行為；(3) 從觀察學習到行為表現，其四個主要歷程為注意、保留、動作再生和動機歷程。注意和保留負責觀察行為的習得，動機歷程和動作再生負責支配習得行為的表現；(4) 引起學習者注意之楷模行為符號，需轉換成視覺或語言的符碼，透過心像或動作演練的過程儲存於記憶中，進行編碼保留以保持持久的效應；(5) 動機歷程中的增強經驗，具有催化行為表現的功能；(6) 行為表現與自我效能感（self-efficacy）和自我調整（self-regulatory）系統的發展有密切關聯。自我效能與自我調整能力的發展是個體與環境不斷產生交互作用所產生的結果。

以全校協辦理的師傅校長培訓課程為例，在現行培訓課程後，尚提供回流教育，協助師傅校長持續增能。該回流教育的辦理模式為：(1) 案例分析應用（校長經營學校案例分析、師徒制輔導案例）；(2) 議題分組討論（當前重要教育議題、縣市教育政策推動議題）；(3) 跨縣市參訪（縣市人才交流、跨域學習）。這些，都是社會學習理論之運用，強化觀察學習與模仿，達到彼此增能之學習策略。

伍　終身學習理論

　　一位校長的職涯發展，從教師、主任到擔任領導職位的校長，即是終身學習的歷程。教師角色以領域知識教學爲主，直接服務學生。行政角色則從組長、處室主任、候用校長、初任校長到資深校長，對不同學生給予直接與間接地教導，從影響班級學生發展到發展學校特色，間接影響學生學習成就。過程中不斷學習充實自己的能量，以面對學校環境與社區挑戰，完成使命，成就學生。

　　Dewey（1916）指出終身教育觀點：「教育爲生活所必需」，「生活由傳遞而自新」。生活是一種自我更新的過程，教育與生活是息息相關並融合爲一體，人們一面生活，一面學習。另教育是一種連續化的歷程，透過個體與他人親密互動的社會關係中成長，從未成熟狀態走向成熟狀態，擺脫依賴性，培養自主性，並藉其可塑性激發潛能。因此，教育的目的在於個人能夠持續不斷地接受教育。生長的理想就是教育歷程，即教育是經驗不斷地重組與改造。經驗的重組與改造是一種進行中的動態、終身的歷程，強調主動的探索與發現，並經由這個動態的過程當中不斷地進步。與現今「活到老，學到老」的意涵一樣，持續進行學習活動，進而達到自我成長，以適應變遷迅速的社會。Hutchins 於 1968 年出版《學習社會》（*The Learning Society*），認爲學習社會是以一種學習、自我實現與人性發展爲目標的社會，並提供個人在一生的生涯中不斷地學習的機會，且能塑造出一個有利於學習的環境，促使各種有意義、有價值的學習活動於社會各個角落存在與進行（Hutchins, 1968）。

　　黃富順（1997）指出個體在一生中的任何階段均要不斷的進行學習活動，才能適應社會的需要。在兒童幼年時，激發終身學習的動機和準備，成年時才能繼續增進新知，提升技能，以適應工作和生活的需要；終身學習的觀念不僅在提供成人第二次或第三次的教育機會，也包括各種情境的個人和社會的發展在內。胡夢鯨（1997）認爲終身學習是指從出生到死亡，在人生的每一個階段，根據自身的興趣及需要，以自我導向學習或

團體學習的方式,來進行有計畫或無計畫的學習活動。林振春(1998)在社區的教育策略中提及,生活本身即是持續不斷的學習過程,個人自發而有意識的學習,可以讓他在快速變遷的社會中,具有適應環境的能力,達到發展潛能和自我實現的境界。學習不應侷限於學校的教育,社區生活中的種種境遇也是學習的過程。終身學習涵蓋的不僅是一個人學習的生命長度,成人學習者在學習上的自我實現更呼應了 Maslow 需求層次理論。聯合國教科文組織(United Nations Educational, Scientific and Cultural Organization, UNESCO)、經濟合作暨發展組織(Organisation for Economic Co-operation and Development, OECD)、歐洲聯盟(European Union, EU)等國際組織亦呼籲各國將成人教育視爲終身學習的構件,將教育看成貫穿人一生的活動(洪凱莉,2006)。

陸 知識論

知識可以概略分爲理論知識與實用知識(實踐智慧),實踐智慧其歷程都是經過一段實施、修正再運用所累積之可行方案。師傅校長以自身所累積之經營智慧,透過口說、書籍或親臨示範指導,將心法傳授給初任校長,使其豁然開朗,達到協助學校發展之成效,這就是實用智慧的傳承。

Nonaka 和 Takeuchi(1995)提出知識螺旋理論,將知識分成內隱知識及外顯知識。「外化」乃指將隱性知識明白表達爲外顯觀念的過程,而「內化」就是將顯性知識轉化爲隱性知識。透過不同知識類型的內外化轉換過程,進而提升組織的知識層次。知識並非透過單一與固定的形式、分享行爲就能有效的傳遞,必須藉由多元的途徑將個人與組織所擁有的知識進行有效的分享與溝通,才能促進整體知識與經驗的提升(Epstein, 2000)。Mawhinney(2010)指出教師專業知識的分享並非單純發生在校園當中,有時一些知識會透過教師在正式及非正式同儕團體溝通傳遞。秦夢群和吳勁甫(2011)認爲,學校應有效的分享以及應用內隱與外顯知識,提升教師教學以及學校行政的效能。學校經由願景架構的校本課程知

識、課程運作機制與內涵、全體教師自己建構的班級經營智慧等知識，透過校內管理系統形成知識傳承運作機制，讓先來後到一脈相傳，成就學校歷史文化脈絡。知識管理的引進，能夠提供學校新的思考模式，幫助學校組織學習與快速革新，進而提升學校效能。李安明和謝傳崇（2003）則認為學校組織應塑造知識分享文化，建立知識分享機制，包括會議及社群夥伴關係，採行積極而有效的知識管理，俾利知識運作。

教育趨勢變革中，例如校園學習空間由閉鎖轉為開放、學習型態由單一轉為多元、知識內容由吸取轉為創造、教材媒體由靜態轉為動態、學生由被動吸取知識轉為主動參與、教師角色由提供者轉為協助者、教育環境由校園延伸校外社區、教學樣態重視個別化與差異化、學校利害關係人主動積極參與學校事務等。這些轉變，讓校園實用知識快速更新，包括在疫情時代，教學模式以「混成教學」為主軸，這些改變提醒教師要以更快速度提升自己的專業能力，否則會被趨勢所汰換。

Cavaleri、Seivert 和 Lee（2005）指出，組織中的每個層級均需要有知識領導者，創造知識來改善本身的專業知能及其所領導的組織效能，並透過知識管理系統的建立、支持性工作環境的營造，以及長期知識創造系統的建構，以改善組織未來的表現。

校長作為知識領導者，領導模式包含正確評估組織內外在的情境，扮演適切的知識領導的角色與任務，掌握知識領導的促動要素，發展知識領導的行動策略，評估知識領導的成效，並能不斷反思整個知識領導作為（吳清山等人，2007）。初任校長剛新到任學校，對於學校背景脈絡、文化及運作機制，都處於新鮮與磨合階段，透過知識傳承可以加速了解，師傅校長的智慧判斷可以協助初任校長掌握先機以利校務順暢。因此，建立學校知識管理制度乃學校刻不容緩之事，師傅校長對於建立學校知識傳承系統可以提供最佳策略，讓徒弟校長有事半功倍之績效。

第三節 結語

　　師傅校長培育的理論基礎，尚屬於建構階段。全校協試圖建構一套完整的師傅校長培育體系，讓有意願承擔師傅重任的校長，透過證照制度建立品牌，並讓此系統結合現有校長培育系統，提供校長職涯專業發展規劃路徑，亦是開先進國家之創舉。

　　本章試圖透過符號互動論、人力資源理論、人際關係理論、社會學習理論、終身學習理論與知識論之概述，初步建構師傅校長培訓之理論依據。未來隨著師傅校長培育的持續推動，相關研究與實踐發展亦會發現更多師傅校長培育上的理論，因此，理論上的發展，仍須各界先進指導，讓論述更臻完備。

　　從 Maslow 需求層次理論思考，正說明師傅校長培育的目標是養成追求終身學習的自我導向學習，尋求自我實現與服務他人之利他主義者。師傅校長服務的本質除為初任校長樹立典範達到楷模學習外，透過人際溝通互動與社會學習，更是教育系統人力資本專業素養的提升，達到達己教人、助人成人的境界。

第四章

美國與日本的師傅校長培育方案

林雍智

第一節 前言

　　相較於師資培育，我國校長培育發展的歷史仍較短。開展校長培育僅為近 20 年來，由師資培育大學接受具有中小學校長人事任用權責的地方教育行政機關委託辦理而已。真正具有制度規定的培育，乃為源起於1965 年所制定的《臺灣省國民學校教育人員儲備遴用遷調辦法》中開始的校長儲訓。因此，一般亦認為此一年度可算是「候用校長儲訓」的濫觴（陳木金，2009）。現階段，在《公立國民小學及國民中學校長主任甄選儲訓辦法》的規範下，校長的儲訓是一項有法規依據的作為，通過甄選的候用校長從儲訓起，將往未來擔任校長的職涯邁進，其工作場域雖然仍在學校，但職務責任則與教師相異。

　　師傅校長角色的導入，在有志者尚在主任階段時，大致上會以服務學校的校長作為師傅，透過平日的觀察、互動學習如何以校長的角度看待事務。在候用校長儲訓時，目前辦理單位也有引進師傅校長，帶領學員學習並分享學校經營的實務經驗。不過，由於儲訓的歷程不長，因此當學員遴選通過，成為初任校長時，其會發現學校現場的實務、自己應負的職責與

面臨的問題，又與儲訓時不同。此時若能有師傅校長的陪伴與建言，效果定會勝於自己單打獨鬥。由此來看，師傅校長的運用，其實在我國早已開始，校長於職涯各階段中，都會與師傅校長互動。但現行國內對校長的養成，僅有示範性質的培育和具有法源的儲訓，校長和教師一樣，不僅沒有定期換證制度以及制度帶來的繼續教育需求，師傅校長的人選亦無經過系統性的培育。

　　進一步檢視師傅校長的工作，有時需扮演教育專家，有時亦與心理諮商師一樣，需具備輔導、傾聽的素養。因此，若對師傅校長本身應具備的相關專業素養與輔導知能在未具體要求下，便由地方教育行政機關或是校長儲訓辦理機構以「任意」的方式指定師傅校長，則擔任師傅校長者多半僅具有「資深」、「績優」、「與上級關係良好」等特徵，對於所需的專業倫理、專業素養、輔導知能便無法有系統的培育。另一方面，對校長本人來說，也無法將師傅校長工作作為職涯專業發展路徑上的最高端。

　　隨著國內教育發展的精緻化以及專業主義的確立，終於有機會探討師傅校長培育的議題。然而，師傅校長培育在國內展開，並沒有前例可循，是一項全新的事業。當在確認培育的必要性無誤後，接著面對的，即是該如何使機制成形，並獲得用人機關信賴，進而滲透到中小學校，讓師傅校長可遂行角色職務。衡量先進國家有辦理師傅校長培育的，大致上有美國、英國、日本等（薛春光等人，2023）。這些國家的辦理經驗，可以提供我國在規劃課程（如課程模組及培育時數等）、證照制度（如發證單位和效期等）與應用途徑之參考，讓我們縮減自行摸索之時間，讓師傅校長制度早日確立、上路。

　　本章主旨，將介紹美國和日本的校長培育方案，並從中擷取各自的優勢作法，避免美、日背景因素帶來的限制，提供我國精進師傅校長培育課程，確立師傅校長培育體系之參考。美國和日本的師傅校長培育由於文獻上較為完整、辦理亦具規模，在文化上又有許多可對照之處（薛春光等人，2023；NAESP, 2019），因此，提供我國參照，亦能帶來不少助益。

第二節 美國「NAESP」的師傅計畫

本章介紹的美國案例，係由全美小學校長協會（National Association of Elementary School Principal [NAESP], 2017）所規劃與執行的「全國師傅校長培訓與認證計畫」（National Principal Mentor Training and Certification Program）。茲簡述 NAESP 的定位與功能，並在說明師傅校長培訓計畫概要後，對照我國狀況進行評析。

 壹 NAESP 的定位

NAESP 成立於 1921 年，是美國最大的校長專業組織，其提供了包含小學、中學校長的專業服務，包含倡導校長領導、提供領導力訓練和學習資源、舉辦校長研習、辦理師傅校長培育等，NAESP 展現了校長專業組織對於精進校長專業發展的重要性。此外，NAESP 也在立法倡議上扮演角色，近期包含在《支持教育工作者心理健康法》、《2022 年教育工作者貸款減免法案》上提出主張。可見，NAESP 的功能與其在辦理師傅校長培訓上的作法，值得我國全校協在組織發展定位，以及培育師傅校長上參考。全校協自成立以來，作為一個校長專業團體，將從原先親睦、聯誼性質，逐步發展為校長專業組織，如此方能引領各縣市校長協會朝共同方向前進，並能獲得教育部、師資培育大學、校長培育機構及社會大眾的肯定。透過師傅校長培育的辦理，即是邁向專業組織的一步。是故 NAESP 的案例，乃具有參考之價值。

貳 NAESP 的師傅校長培訓計畫

NAESP 所提出的「全國師傅校長培訓與認證計畫」，為與諾瓦東南大學（Nova Southeastern University）合作的計畫。

根據 NAESP 的說明，該計畫的課程符合其「教育領導者專業標準」（Professional Standards for Educational Leaders, PSEL）（NAESP,

2024）。NAESP 的課程體系包含：(1) 了解師傅校長的角色任務；(2) 積極參與培訓計畫；(3) 展示在教學領導上的專業成就；(4) 展現道德守則；(5) 完成客觀自我評估；(6) 確定指導素養與個人優勢；(7) 經由客觀評估與實踐來確定徒弟的技能水準；(8) 培養一種促進有效的正式和非正式指導關係的文化；(9) 經由行動研究，持續評估與完善指導計畫（NAESP, 2024）。

　　課程模組包含「領導力沉浸式研習」（leadership immersion institute, LII）與「師傅校長認證實習」（mentor certification internship）兩階段。NAESP 也認為此計畫是結合研究與實務，以及參與者的知識和經驗的課程，換句話說，校長的實踐智慧傳承亦是該課程的主軸。

　　第一階段的 LII 課程為期 2 日（可透過實體或線上方式進行）。課程內容包含「領導校長：建立學習社群」、「建立文化：形塑教與學文化」、「增權賦能：領導教師和學生學習，帶來最佳效果」與「優化學校系統：確保學校運作與支援有效教學」四種課程，旨在增進師傅校長的基礎知識。

　　第二階段是師傅校長認證實習。學員在完成 LII 後，將需要在 9 個月內進行師傅培訓實習（Mentor-in-Training, MIT）。學員會被安排在經過訓練與認證的教練旁學習。學員在 MIT 的 9 個月期間內，需與徒弟（protégé）在配對後，累積 72 小時輔導時間以完成本階段課程。MIT 的教練也期待學員在每個月能和一同受訓的學員們，透過線上或實體方式互動，交換心得。結訓的學員會被授予 3 年效期的全國性師傅校長證照，效期屆滿後，也可以透過為期 1 日的回流繼續教育更新證照的資格。不過，師傅校長參與 NAESP 的上述課程，需自費參與。

參　NAESP 師傅校長培訓的對照與評析

　　歸納 NAESP 的師傅校長培訓課程特色，其有三點值得我國在辦理師傅校長培育時相互對照。包含：

一、辦理師傅校長培育之單位為校長專業組織

NAESP 的師傅校長培訓是一種由全國性校長專業團體自主規劃的專業增能課程，雖然該課程亦有委託大學規劃，不過實施／辦理主體仍是校長組織。此舉可以強化專業團體在人才培育以及隨後在立法遊說上之動能。不過，NAESP 的培育計畫，仍屬自行報名參與。在廣大的美國，要與州和學區教育委員會取得培育師傅校長的共識，則需進一步媒合，以提供客製化的課程。

對我國目前辦理師傅校長培育的全校協和臺北市立大學來說，則較無此問題。相較之下，全校協可思考如何學習 NAESP 增進校長專業團體的功能，而臺北市立大學則可探討如何走出臺北市圈，為其他縣市提供適合的客製化培育課程。

二、NAESP 的課程架構包含專業增能、輔導知能與配對實習

NAESP 的師傅校長培育計畫課程架構，包含專業增能與輔導知能提升部分，並在結束培育後，進行實際與徒弟配對，以累積相關的經驗。該課程亦聚焦協助初任校長的領導能力的實習課程，並藉建立正式和非正式指導關係，讓師傅校長可以分享專業意見，促進初任校長的成功（Riley, 2020）。

將此種課程架構對照全校協的師傅校長培育課程，可知在課程名稱和時數設定方面（全校協課程時數較多），具有相似性。不過，全校協的現行課程中缺乏配對和輔導的設計。全校協針對已完成課程的學員在第二年度有提供回流教育，且回流教育設計的內容亦以師傅校長之間的實務分享和時事議題為主，此和 NAESP 第二階段的規劃異曲同工。不過，在全校協 5 年來辦理的經驗中，地方政府提供完成課程的學員與初任校長配對、展開輔導的案例仍低，這些學員到回流教育時未必具有可暢談的輔導經驗。此為未來需改善之處。

三、NAESP 的培育課程符合教育領導者專業標準

NAESP 的課程雖然時數不多，但在課程內涵的設定上，係根據教育領導者的專業標準而來。對照此作法，我國全校協在規劃師傅校長培育課程之初，亦有參考各國（美國、澳洲、英國、紐西蘭、日本）的校長專業標準（林雍智，2020b）設計。惟教育領導者專業標準或校長專業標準皆為針對校長所設定，師傅校長所需的標準雖然可涵蓋部分，但在發展課程上仍需有精準的指向，方能精確的找出師傅校長所需，進一步形成課程內涵。

因此，後續我國在辦理上，宜再回頭建構「師傅校長專業標準」，或透過「師傅校長專業倫理」的建構找出師傅校長的使命和角色任務。也可以比照師資培育般建立培育指標，供做修正課程之依據。

師傅校長平時忙於校務，可以參與培育的時間有限，從 NAESP 和我國對課程時數的設定皆有節度來看，可知道有限時間內的課程代表性和涵蓋性必須精準和充實。是故，此部分仍有發展之空間。

最後，值得一提的是美國的師傅校長培育要學員自費參與，此種作法也是美國的特色。有徵收費用，相對的課程品質（包含開課場所及配套服務等）就會較佳。我國教育人員目前自費修課仍不普及，增能與研習仰賴辦理單位的經費。辦理師傅校長培育的全校協要超越教育部委託經費的限制，除洽商地方教育行政機關的補助額外，也需考量維持一定課程品質水準，以打造理想的品牌。

第三節 日本「NITS」的師傅校長培育方案

日本的師傅校長培育，是由「獨立行政法人教職員支援機構」（NITS）所進行的規劃。茲簡述 NITS 的定位與功能，並在說明其規劃的師傅校長培育課程概要後，對照我國狀況進行評析。

壹 NITS 的定位

日本的「獨立行政法人教職員支援機構」（NITS）位於茨城縣，為中央級教育人員的研習中心，設立於 2001 年，起初名稱為「獨立行政法人教師研修中心」，後在 2017 年隨著《獨立行政法人教師研修中心法》的部分修訂，改稱為現名。由於該中心的英文為 National Institute for School Teachers and Staff Development，因此又簡稱為 NITS。

NITS 的主要業務，係辦理日本全國性質的教師研習，並進行與提升教師素質相關的調查研究。由於其為中央研習機構的身分，因此也對地方的教師研習提供指導和建言。NITS 的各種研習，目前有辦理初任教師研習、教育行政領導者研習、校長研習、副校長研習、中堅教師研習及學校職員研習等專業發展研習，以及各種議題（如人權教育、幼兒教育）的研習業務（独立行政法人教職員支援機構，2023），範圍相當廣泛。

貳 NITS 的上席校長集中講習計畫

日本對師傅校長的稱呼，並不直接用代表師傅的「師匠」。現行各種政策中，扮演師傅校長角色的，稱為「上席校長」或是「統括校長」。上席校長指的是在校長中擔任指導、建言地位的校長，而統括校長則是東京都設計用於推動教育重要革新，或是擔任較為困難經營，需要改善的學校的校長，由於學校較難以經營，因此需要借重統括校長豐富的經驗，當然其校長職務津貼亦較一般校長高（東京都教育委員会，2006）。不過，目前日本對統括校長並無系統性的培育，要探討日本的師傅校長培育，可從對上席校長的培育規劃來看。

NITS 在 2019 年，對全體教師研習課程體系進行再編作業。在其規劃中，納入在日本稱為「上席校長」的師傅校長集中講習計畫（篠原清昭，2019）。該講習共計 10 堂課，每堂課 3 小時，共 30 小時；課程包含「學校管理職指導論」、「領導論」、「學校組織經營論」、「學校願景與策略」、「學校評鑑」、「課程經營（curriculum）」、「學力提升」、

「學校危機管理」、「學校與社區的聯繫協作」與「師徒演習（實作）」。

課程實施方式上，「學校管理職指導論」、「領導論」、「學校組織經營論」三門課採用講授式實施，「學校願景與策略」、「學校評鑑」、「課程經營（curriculum）」、「學力提升」、「學校危機管理」、「學校與社區的聯繫協作」則兼顧講授與實作，最後的「師徒演習（實作）」，則是要求學員和徒弟透過模擬實作累積實務經驗。

其次，學員在講習結束後，會被授予師傅校長認定證書，並擔任NITS的校長、副校長、教頭等講習的講師。

 ## NITS 上席校長培訓的對照與評析

歸納 NITS 規劃的上席校長培訓課程特色，其有三點值得我國在辦理師傅校長培育時相互對照，以下說明之：

一、辦理單位為國家級的教師研習中心

日本推動上席校長培育計畫的 NITS 定位上是中央層級的教師研習中心，其辦理研習的對象來源，需要具有人事權的地方教育委員會推薦。不過，日本各都道府縣教育廳（即教育委員會）亦大都設有地方的教育研究所或教育中心（即教師研習中心），辦理地方層級的教師研習業務，因此，NITS 在推動業務上，需要和地方教育委員會，或是各地的師資培育大學分工合作，進行區隔。

然而，上席校長在培育完成之後，能否受到地方教育委員會的良好運用，並非 NITS 可以完全掌握，也因此才看到 NITS 培育的上席校長，只能規劃作為未來各種所開設培育課程的講師。綜上所述，我國全校協亦可規劃邀請師傅校長參與的專業發展活動，讓其擔任講師或輔導者，提供各縣市教育行政機關運用之案例，激發各縣市活用師傅校長。

二、課程模組設定與我國類似

　　由 NITS 所規劃的上席校長培訓課程中可以看出，其在科目名稱、時數設定上，皆與我國辦理師傅校長培訓的全校協與臺北市立大學有許多共通的特色。例如課程對學員如何成為師傅校長、師傅校長應有之使命、任務及倫理皆設有相關課程與其對應（如日本的「師傅校長指導論」與我國全校協的「使命與任務」）。這種現象也反應了兩國對於校長職能，以及對於學校經營方向的看法類似。後續，我國在精進師傅校長培育課程上，可以強化交流，了解並比較日本與臺灣在校長學校經營上的重點議題和面臨的困難，作為修訂師傅校長培育課程內涵之參考。

三、日本培育的因地制宜難度高

　　日本有 47 個都道府縣（二級行政單位），無法用同一套課程培育師傅校長。因此師傅校長培育體系若要成功成為全國制度，需要中央政府的強力行政。相對的，臺灣僅有 22 縣市，在規劃師傅校長培育課程上可採取部分因地制宜的方式，在課程內涵上規劃符合在地需求的內容。講師人才的數量亦足夠提供每年度的辦理需求。

　　我國全校協在師傅校長培育上採行的作法，是以各縣市為主，每年度辦理數縣、再逐年擴增的方式實施。此舉不但可以有效運用講師人力，亦可以滾動式修訂課程內涵和教學模式。更重要的是，也可以促進觀望的縣市參與的動力，是筆者認為的好方式之一。由地方普及後再往中央移動，最後形成政策或制度的方式，亦符合參與式民主的精神。

　　據筆者於 2022 年、2023 年詢問日本有辦理校長培育班的師資培育大學學者（包含大阪公立大學、岐阜大學、北海道教育大學），臺灣的作法是否足資日本參考，所得到的回答皆為「日本的各縣教育委員會有校長的人事權，而國立師資培育大學與其並無隸屬關係，要辦理師傅校長培育的話需要回到教師研習中心辦，但此不論在講師人選和課程規劃上，目前要大規模辦理師傅校長培育都有難度」的回答。也就是說，對日本而言，取

得「共識」以及「因地制宜」的難度皆高，其師傅校長培育的發展如何，不但值得關注，或許我們亦可前去分享臺灣經驗，促進教育交流。

第四節 結語

本章以美國與日本的師傅校長培育方案為例，介紹美、日方案的特色和限制，並各自與臺灣刻正辦理師傅校長培訓的全校協模式和臺北市立大學模式對照，進行若干析論。

從美、日的師傅培訓課程來看，在如何有效指導徒弟上，美國與日本皆重視營造師徒間的正式與非正式關係的課程（兩國皆有實作配對的課程），此是我國目前較缺乏的。而在結訓後的師傅校長運用上，則限於文獻的取得限制，仍需找出更多案例，作為未來發展之參考。

從美、日方案來看，還有一項共同特徵是我國需要注意的，此即是透過課程和後續運用，建構校長同僚性的歷程。校長同僚性是一種重視校長彼此之間正式和非正式關係的連結。師傅與師傅、師傅與徒弟在互動的過程中，即是一種建構正向校長同僚性，強化網絡的作為。因此，師傅校長在建構正向同僚性的過程中，可強化校長之間的交流、省思。如此不但可以支持校長職涯的專業發展，更可發展出有益學校經營的協作關係。

若將焦點回到我國，在全校協於各縣市辦理師傅校長的數年歷程中，發現各縣市參與師傅校長培訓課程的學員，可以透過教學設計於課堂上得到切磋琢磨的機會，這是未曾參與此課程的校長們平時較難以做到的機會。學員們參與培訓課程，得到了增加水平同僚性的機會，再透過與初任、現任校長的輔導關係，擴大了垂直同僚性。這是一種發展出專業社群的模式，也是在多變化的社會與教育環境中，於學校領導者間強化互動的機制。

當前教育趨勢強調學生要互動、協作，集合智慧面對未來挑戰，依此，校長們亦有打團體戰的需要。透過美、日的師傅校長方案，我們不但

可以學習，更可確認我們辦理師傅校長培育的價值以及精進的方向。至於透過配對、輔導、建言來傳遞實踐智慧的作法，美、日已將其納入培育課程中，此仍需要我國在培育、回流或後續師傅校長運用上加入，進一步彰顯師傅校長的功能。

第五章

以校長同僚性和實踐智慧的傳承發揮校長心智

林雍智

第一節 前言

　　許多探討校長培育、校長領導的研究與文獻，開頭多半會使用「有什麼樣的校長，就有什麼樣的學校」、「校長的領導決定學校的方向」等詞藻來形容校長對於一個學校的重要。然而，當將一所學校的經營成敗大部分歸因於校長作為帶來的結果，也等於是忽視了當前社會環境、法律規範、政策指示及各界期待等諸「力」的影響，將校長本身的角色做了「多大」的期待。一所學校只有一個校長，處於一個被期待要展現多種正向能力與影響力壓力下的校長，是一個孤獨的存在。例如對初任校長來說，從教師、主任身分轉變為校長，他將不再如教師、主任般擁有校內的夥伴、社群等教師同僚性組織可隨時交換意見。當校長面臨必須做出風險較高的決定時，他也必須要在擁有正向同僚性資本下，在權衡各種可能出現的結果後決策。

　　「校長同僚性」（principal collegiality）是繼「教師同僚性」概念後出現的一種新議題，其內涵在於將「教師間的正式與非正式關係之性質」的探究主題移行至校長身上，探討校長需不需要同僚性、校長如何

建構同僚性，以及校長如何從同僚性中獲得支持與專業成長（林雍智，2020a）。西川潔（2014）認為，校長光靠領導無法解決學校經營的問題，要解決經營的問題，需要促進校長組織的協作，才能對現實上的學校改善起到成效，此也意味著同僚性有其可發揮的效用。校長和教師不同，由於本身職務的特性，在建構同僚性時必須與他校的校長組成社群，透過分享和協作去審度教育發展的脈動，彼此支撐，以順利遂行職務。這種關係有賴校長去參與社群，並且社群要良好運作才行，而師傅校長恰好可以扮演協助、促進所輔導的初、現任校長建立校長同僚性的角色。因此，在師傅校長培育課程中，便有責任將同僚性的概念傳達給學員，並透過培育課程建構師傅校長間的同僚性，並且依照同僚性擴大的理論，促成其培育後在和徒弟校長的配對與輔導下，建構出更廣泛的同僚性，且讓其朝正向的同僚性發展。

其次，師傅校長培育課程亦需引領學員認識「實踐智慧」（practical intelligence）的概念。「實踐智慧」係指行為的主體，如教師或校長等在與他人接觸時，從個別的、具體的狀況中習得知識或技術，並將此知識或技術以一個專家的角色進行蓄積與繼承（久富善之，2008；野中郁次郎，2012）。師傅校長培育課程的作用，不在於將有經驗的校長齊聚一堂，再度灌輸其平日早已耳熟能詳的教育與經營理論。也不單只是提供經驗分享的場域，讓其經驗無限再複製，成為成果分享的舞臺而已。在師傅校長培育的歷程中，必須引導師傅校長理解傳承實踐智慧的重要性，並經由校長同僚性運作將其傳承給所輔導的初、現任校長。實踐智慧的傳遞與繼承，是賦予師傅與徒弟實質性互動關係的素材。最後，兩者都可以得到或更新校長心智（principal mind），即能夠熟練的進行學校經營上的判斷與決策。如此，辦理師傅校長培育便有意義，且培育本身對校長將其作為職涯專業發展最高階段的意義亦能產生（林雍智、劉文章，2024）。

本章以下將先闡述校長同僚性、實踐智慧與校長心智的意義與內涵，並探討在師傅校長培育中，如何透過校長同僚性與實踐智慧的傳承，帶給徒弟校長心智。

第二節　校長同僚性的意義與內涵

　　在教育領域中，同僚性的相關理論與實踐作為起源於對教師同僚性的探討（王淑珍、林雍智，2015；紅林伸幸，2007）。不過，同僚性的理論也適用於校長身上，近年來國內亦出現探討校長同僚性的文獻（林雍智，2020a；林雍智、游子賢，2022；林雍智、劉文章，2024；黃新民，2017）。茲說明校長同僚性的意義與內涵，並討論師傅校長培育中促進校長同僚性的可行設計如下。

壹　校長同僚性的意義

　　「同僚性」一詞，在我國教育領域中又被稱之為同僚／同儕專業分享（林明地，1998），例如針對教師的同僚性，則稱之為教師同僚性（日本則稱為「教員同僚性」）。王淑珍與林雍智（2015）在以同僚性詮釋教師彼此間關係時，曾遭遇質疑，認為用「同僚」二字形容教師之間的關係過於官僚與科層。此係為將「官僚」與「科層」做負面解釋的結果，其實兩者亦有分工明確、提高效率的正面影響。隨後，國內開始有文獻使用「教師同僚性」一詞（吳佩穎，2020；林麗芳、鄭亞盈，2016；黃新民，2017）。代表其著重的功能亦值得作為教師領導、教師專業社群等議題的理論基礎之用。

　　日本會將教師之間的關係稱為同僚性，說明了教師彼此間同時帶有法定職務上的「正式關係」與個人的互動等「非正式關係」。教師同僚性是在正式與非正式關係的交互作用下所形成的。石田眞理子（2011）與佐藤學（2012）的看法，都肯定日本教師同僚性的作用，認為其可以幫助教師在教育改革或學校改進上做出貢獻。而川村光（2014）則認為教師同僚性因各種因素在學校內的衰退，是引發教師忙碌感與共同步調壓力的來源之一。

　　歐美方面，Little（1982）認為同僚性係由「範圍」、「場所」、「頻

率」、「焦點與具體性」、「關係性」、「互惠性」與「包容性」所構成，其定義較日本更為廣泛。

王淑珍與林雍智（2015）則將上述國外對於教師同僚性的定義，綜合統整為「教師同僚性乃從提高教師專業力量的觀點出發，其係指教師能自主、自律的共享教育的願景，並經由教學分享、研習進修與決策參與，與同僚持續進行對話、交流與省思，進而將願景具體化，以促進彼此協作成長的一種互動關係。」

校長和教師皆處於鬆散型的教育組織。一所學校中雖然只有一位校長，但校長也可以透過與他校、群組學校連結，或是與同轄區內的校長們互動，甚至是和師傅或是徒弟進行指導、建言等關係存在。因此，林雍智（2020a）認為將教師同僚性概念的對象設定在校長，並依其職務特性設定後，校長同僚性也可適用教師同僚性概念。如此一來，校長同僚性可界定為：「校長同僚性乃為支持校長的學校經營與專業發展所需的互動關係。校長透過共享辦學願景、研習進修與學校或校長同僚間持續進行對話、交流與省思，進而將學校經營之行為具體化，並促進校長協作成長。」

貳 校長同僚性的功能與運作

參照教師同僚性的功能，校長同僚性的功能可大致歸納出具有：(1) 增加校長對於自己與所屬校長社群的彼此信賴；(2) 支持學校經營與發展；(3) 提升校長的專業發展；(4) 消除學校組織的孤立傾向（isolation tendency，日本將其稱為「個業化」），學校的組織運作對內有系統，對外有連結；(5) 打破學校本位主義狀態；(6) 促進校內外教育人員的互助，進一步擴大校長同僚性的範圍等效果。

王淑珍、林雍智（2015）提出同僚性的循環是從「對話與交流」開始，接著往「觀察與實踐」、「分享與協作」、「省思與回饋」、「發展與創新」方向循環成圈。運作途中，還會有「新成員的加入」、「新事物

的挑戰」、「新時代的願景」與「新環境的刺激」等外部事物的加入，而使得同僚性不斷擴大（如圖 5-1）。

　　不過，正向的同僚性在自然環境中較難自己產生。因爲人性因素，所以經常要透過人爲規劃的同僚性來促進其生成。何謂「人爲規劃的同僚性」？其是一種爲了使同僚性能夠運作起來並一直轉動，最後形成一個動態的循環過程的外在力量。要用人爲的方式去規劃同僚性，使原本平靜的水面激起動能，可以用立法、政策強迫、政策鼓勵、提供場域、學理倡導等力量驅動。

圖 5-1

同僚性的形成

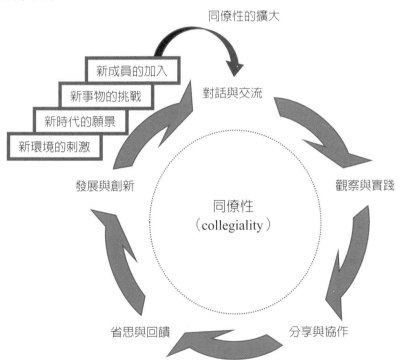

註：取自教師領導的實踐與發展：從教師同僚性談起，王淑珍、林雍智，2015，**教育研究月刊**，**256**，頁 77。

從哪裡看得見校長同僚性？

校長是孤單的嗎？若將校長看成身為教育體制當中的中間管理者，校長其實並不孤單，但若將校長視為學校內唯一的最後決策者，從職務特性上來看有可能是孤單的。但校長本人是否感到孤單，仍取決於其對校長是否具有同僚性的心境而異。那麼，校長同僚性從哪裡可見？

首先，是學校經營層面上，目前校長可以從專業組織找到同僚性。各區域、各縣市的校長協會，還有全國性的校長協會是一個促進親睦、聯誼的組織。此外還有校長們自行組成的各種社群團體，都可以發展校長同僚性。這種同僚性有可能是橫向的（例如同區域、跨教育階段）、縱向的（例如和前輩校長的關係），這種同僚性平時也可以支持校長學校經營。至於師傅校長，在此面向上可以扮演形成同僚性的促發者，讓同僚性發揮更正向的功能。

其次，在校長的專業發展上也可見到同僚性的存在。校長在接受儲訓或是初任導入的階段都有共同努力的「同學」（同期的學員），校長在專業發展的過程中，同時也可以發展同僚性。師傅校長在校長專業發展中，若是扮演指導者的角色，其功能就和「學校經營層面」的功能相同；師傅校長本身如果正在接受培育，那麼師傅校長學員彼此也同樣是在形成同僚性的準備期中。此也意味著師傅校長的培育應該透過課程促進彼此的校長同僚性，結訓後的師傅校長方能在這兩個層面上扮演關鍵的促發者角色。

第三節 實踐智慧的意義與作用

「實踐智慧」係指行為的主體在與他人接觸時，從個別的、具體的狀況中習得知識或技術，並將此知識或技術以一個專家的角色進行傳遞與繼承（久冨善之，2008；野中郁次郎，2012）。當主體為教師時，作為教

育專家的教師會在與學生及教師社群的相處中傳承一些信念、習慣、傳統、思考模式、心性以及和同儕的相處模式，並彙整形成爲獨特的教師文化。若主體是校長，則校長所需要的專業能力除了習得理論性知識體系外，還需透過省思與分析，進而提升專業能力。在複雜的學校經營環境下，校長更加需要注重非單純經驗傳遞的實踐智慧概念，讓其在專業發展過程中調合理論與實務、研究與實踐上的對立，協助校長強化專業資本（professional capital）。茲說明實踐智慧意義與作用，並討論師傅校長在傳承實踐智慧的任務如下。

壹　實踐智慧的意義

實踐智慧的英文原詞爲「prhonesis」，源自於古希臘時期的哲學家，特別是亞里斯多德所提出的哲學概念。目前，實踐智慧多以「practical intelligence」代表之，中文有譯爲「實務智力」、「實用智能」、「實用智力」或稱爲「實踐智慧」者。日本的研究者則將其譯爲「實踐知」（石田眞理子，2014；金井壽宏、谷口智彥，2012；浜屋敏、大屋智浩，2013）。此屬於一種認識事物、表述眞理的能力，也是對知識的理性追求。

美國學者 Sternberg（1996）將其定義爲：「實踐智慧是個體在實際生活中獲取經驗知識和背景訊息，並定義問題的實質與解決問題的一種能力。」King（2019）認爲實踐智慧是讓人們在所處環境下得以進行批判性思考與解構狀況，進行深入分析並根據所得資訊做出最佳決定的技能。日本經營學者野中郁次郎（2012）則指出，實踐知爲將科學知識與實踐知識進行融合，並進行創造性行動的能力，其是一種在個別具體的場面中爲達全體之「良善」目的，找到做決策與行動的最佳方式的能力。

Schön（1983）從教師的專業成長觀點分析，認爲實踐智慧是一種省思的理性，其有賴一個動態的學習文化，協助教師在複雜和不確定的狀態下採取負責任的行動。因此，Schön 認爲實踐者可從行爲中的省思

（reflection in action）與對行為的省思（reflection on action），對自己的行動產生更深的理解，並擴展專業能力，獲得專業成長。野中郁次郎及紺野登（2012）從管理者的角度探討實踐智慧如何獲得，兩人認為應在與組織願景與共通目的一致下，透過現場實踐行為的累積獲得。楠見孝（2012）則視實踐智慧為專家所擁有之與實踐相關的知性，成為專家的過程即為獲得實踐智慧的學習過程。此過程包含：(1) 觀察學習；(2) 與他人相互作用；(3) 經驗的反覆；(4) 從經驗獲得功能與類推；(5) 從媒介（書本、研習進修）進行學習，而實踐智慧可透過工作場域中有組織的、發揮領導的方式獲得與傳承。

　　也就是說，實踐智慧需本於實際經驗，透過批判省思發現何者為善，以形成解決問題所應具備的能力。至於實踐智慧的傳承上，竹內一真（2020）認為個人將實踐智慧傳遞給其他個人，就是「智慧」的循環，此時若將累積實踐智慧的人視為第一代，則繼承實踐智慧者，就可以稱為第二代，整個實踐智慧即透過此一方式不斷的傳遞與繼承。實踐智慧並不單只要求個人經驗和知識的循環，重點仍在於透過循環的創造上。此外，實踐智慧也可以透過傳遞、分享和繼承提升行為主體的專業能力，形成組織文化。

貳 校長實踐智慧的定義與傳承

　　依據校長職務的特性與專業需求，校長的實踐智慧可定義為：「校長透過職務行為與他人互動時，從實踐教育與經營理念中學習釐清問題，並經由省思形成解決問題之能力。」在傳承實踐智慧上，校長也可以在社群運作中，經由觀察、省思、分享、協作等同僚性的運作歷程將實踐智慧傳遞出去。而師傅校長在傳承實踐智慧上，可以透過分享本身在學校經營的信念、思考模式，以及包含解決問題、決策等經驗，將實踐智慧傳承給徒弟，並與其一同確立並維護良善的教育文化。

　　實踐智慧因為可以調合理論與經驗，避免空談理論及經驗不斷複製帶

來的缺陷，因此可以對校長專業資本帶來助益。林雍智（2021）認為傳承實踐智慧，有「支持校長專業成長」、「成為實踐智慧的領導者」、「活化校長同僚性」三項功能。

　　至於實踐智慧的傳承，以方向上來看，其與校長同僚性的形成相同，亦有水平與垂直的方向。例如坂本篤史、秋田喜代美（2012）以教師為主題，認為實習及初任教師時期是一個關鍵點，如果實習、初任教師擁有能使用共通語彙，且能與徒弟相互尊重的師傅，則師傅提供的指導對新手教師的成長就能產生巨大的影響。換句話說，師傅校長對初任校長的輔導與陪伴上，若能傳遞實踐智慧，將能對初任校長的成長展生巨大影響，這是屬於垂直的傳遞。至於師傅校長如何進行水平方向傳遞實踐智慧，則是在規劃師傅校長培育課程上應思考的重點。此於下段詳述之。

 如何傳承校長實踐智慧？

　　校長要傳承實踐智慧，需要有場域、機制的配合，從人為的方式打造傳承的機會，才有運作的空間。野中郁次郎等人（1999）認為「場域」是傳承實踐智慧的關鍵，並將其分為如圖 5-2 所示的「創出場域」、「對話場域」、「系統場域」及「實踐場域」四個象限。

　　依照這四個象限所設計的功能，校長實踐智慧的傳承，可以在培育及儲訓階段，設計參訪標竿學校、企業，到行政機關實習。此時若有師傅校長的協助，則可再進一步明訂師傅校長引導的內容。實踐智慧的傳承，需要明確定出場域的功能與作用，而不是放任其自由參訪實習，此機制才能有效傳承實踐智慧。

　　其次，師傅校長的角色也是一種能傳承實踐智慧的關鍵。扮演輔導、陪伴角色的師傅校長，在我國是一種擔任導師、教練、夥伴的角色。師傅校長在與徒弟的互動中，可以透過師徒制的雙向交流發展校長的專業資本，不論師徒制的互動方向是由上至下，或是同儕水平方向，或是反向師徒制（即師傅由徒弟處獲得啟發）（蔡進雄，2017，2024），這都是擴大校長同僚性的好方法。

圖 5-2

系統性的知識創造四場域

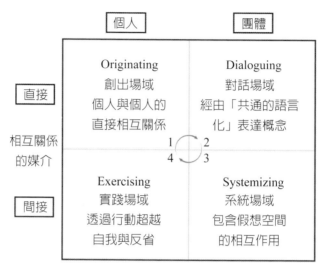

註：譯自「知識創造企業再訪問」，野中郁次郎、遠山亮子、紺野登，1999，**組織科學**，**38**(1)，頁 40。

　　因此，如何在師傅校長培育課程中促進學員學習如何傳承實踐智慧？可以在課程內涵中以「師傅校長本身的專業成長」與「傳遞實踐智慧」作為教學設計的原則。例如在理論智慧之外，也要讓其體會擔任「師傅」的立場與使命，並透過實務上的配對輔導（實習課）來學習傳承實踐智慧。師傅校長培育課程本身也是一種辦理單位提供的「場域」，如圖 5-2 所述，在此場域中，師傅校長將可以在四個象限中學習如何擔任實踐智慧的傳遞者，並引導自身和徒弟都成為實踐智慧的領導者。如此一來，師與徒才能充分展現校長心智。

第四節　師傅校長培育如何促進校長心智的發揮

「校長心智」一詞，是借用法律的「legal mind」，其可譯爲法律上的心智、思維或心證。其可以訓練律師等司法人員一種成熟的思考和理解法律的方式，並幫助他們做出正確的決定，它也是一種司法人員爲實現法律正義應具備的理想素養（田中成明，2000）。在教育上，松本浩司（2015）將教學心智（teaching mind）視爲教師專業能力的基礎，並認爲教師透過實踐、省思等實踐智慧的運作，最後會得到教學的心智。因此，林雍智（2022）亦認爲校長心智可以在校長同僚性的運作下，經由實踐智慧的傳承，讓校長形成一種做出正確決定的素養。

校長同僚性、校長實踐智慧和校長心智之間的關係，即爲如圖 5-3 所示的關係，三者共同構成了校長的專業成長路徑。從此關係來看，校長同僚性的運作是促進校長專業成長的第一步。專業成長首先開始於同僚性循環圈的運作，並在其過程中傳遞實踐智慧，最後形成校長心智。因此，校長心智可定義爲：「校長心智是形塑校長學校經營與專業發展的一種思考、價值和行爲。」它也是一種協助校長在每個複雜情境脈絡下，做出最正確決定的素養。

在探討師傅校長培育如何促進發揮校長心智時，可先參考松本浩司（2015）爲建立教學心智所發展的四步驟：

1. 熟慮：包含蒐集與解釋教材，再透過觀察分析現象）。
2. 設計：從熟慮步驟所得到的認識爲本，構想如何透過實踐去實現教育的價值。
3. 實踐：將自己所擁有的價值意識、知識和技能組織化，發揮多元的領導能力。
4. 省思：使用科學的方法，系統的、嚴密的檢視熟慮、設計、實踐的整個歷程是否妥當，最後再將此經驗記述下來，並從中發現本質，且構想可以代替行爲的選項。

圖 5-3

校長的專業成長路徑

校長的專業成長
Professional Growth of Principals / 校長的職能開發

校長同僚性
（principal collegiality）

校長實踐智慧
（practical intelligence
／實踐知）

校長心智
（principal mind）

校長同僚性為支持校長學校經營與專業發展，透過共享辦學願景、研習進修與學校或校長同僚間持續進行對話、交流與省思，進而將學校經營之行為具體化，以促進校長協作成長的一種互動關係

校長透過職務行為與他人互動時，從實踐教育與經營理念中學習釐清問題，並經由省思形成解決問題之能力

校長心智是形塑校長學校經營與專業發展的一種思考、價值和行為

註：引自校訂課程跨領域教學設計：日本教育經驗談（頁 73），林雍智，2022，新竹縣中小學校長社群研習，新竹縣。

　　由上推論到師傅校長培育如何促進校長心智的發揮，可以在培育課程中，設計出進行上述四步驟的教學活動，也可以要求師傅校長在對徒弟輔導時，以此當成輔導工具，進行有系統的資料蒐集和省思活動。然後再邀請師傅校長參與經驗分享或回流教育，給予時間和場域，促進其深度省思並提出代替方案（特別是分析各種學校經營或危機處理案例時）。

　　Berliner（2001）指出，教學心智的概念對於教師和其他專業人員來說，雖然在構成基礎的價值意識、知識、技能等有所差異，卻是可以應用到多數專業人員身上的概念。因此，我們可以說：在師傅校長培育上，基於校長同僚性的理念，透過實踐智慧的傳承，將能促進師傅校長以及未

來所輔導徒弟的校長心智。此一構想經由培育體系（課程、回流、專業論壇）等的設計，即能提供學習與實踐的場域，讓校長形成校長心智，並在需要校長做出正確決定時，能發揮出此素養。

第五節　結語

本章以校長同僚性與實踐智慧的概念，說明如何善用兩者促發校長心智。文中對校長同僚性與實踐智慧的闡述，並不侷限於在理論本身的探討，還針對其運作機制和如何設計師傅校長培育體系，使兩項概念能協助師傅校長和所輔導的初、現任校長發揮校長心智。

師傅校長培育若是一種滿足師傅校長職涯專業發展目標的事業，那麼在目的上，則需要讓學員在此系統中亦能獲得專業成長。師傅校長要獲得專業成長，如前文所述，並不能只是理論的堆積或是經驗的再製。因此，同僚性和實踐智慧的概念便有導入之價值。

若培育是一種教導師傅校長學習輔導技術的工程，那麼在目的上，學員就必須習得如何透過同僚性關係的運作，有效傳遞實踐智慧給徒弟，讓成功的徒弟可以安定學校運作，扮演好「並不孤獨」的校長角色。

由於校長同僚性的運作以及實踐智慧的傳遞方式都有水平和垂直的方向，同僚性在正向發展的歷程中亦可以協助師傅校長和徒弟獲得更多的人際資本和專業資本。因此，師傅校長培育若能同時達成上述兩項目的，我們就可以認為：它是一個設計嚴密的人才培育體系，而不是再一次的強制研習。

師傅校長培育
體系規劃

第六章

師傅校長的培育體系建構

劉文章、林雍智、游子賢

第一節 培育師傅校長的必要性

　　「師傅校長」一詞，在我國的中小學校教育現場中並不陌生，在近期國內展開師傅校長培育之前，各縣市已有師傅校長角色存在。研習機關，如國家教育研究院、臺北市教師研習中心主辦的候用校長儲訓，亦有邀請資深優秀校長以師傅身分前來授課，或提供到師傅學校實習機會等輔導。若扮演好師傅校長角色任務，將能傳遞學校經營上的實踐智慧與優良的學校文化給候用校長或初任校長繼承，使學校教育的品質能確保並持續精進（林雍智，2021）。

　　「師傅校長」的角色，在社會急速發展及國民對學校教育的期待高漲之下，就成為了處於一個 VUCA（volatility, uncertainty, complexity, ambiguity）的學校教育系統中，校長可以獲得專業支持的好途徑。也就是說，師傅校長一定程度的擔負了校長培育歷程中的導師角色，也對現職校長提供了「專業支持」。Kingham（2009）也指出如果有師傅校長的教導與輔導經驗，對初任校長相當重要。

　　以「師傅校長」輔導初、現任中小學校長的作法，在我國與美、日、英等國已有多年歷史（篠原清昭，2017；Riley, 2020；Tomlinson, 1997）。多年以來，我國師傅校長人選的產生，較傾向由儲訓機關及地方教育行政機關、師資培育大學等主辦單位邀聘資深、績優校長擔任。這種以經驗、交情或年資方式產生的人選，固然不乏許多優秀且品德崇高、足堪典範者，但對於師傅本身應具備的專業素養，並未透過系統性的訓練過程賦予。

　　由於師傅校長需要協助徒弟對應 VUCA 下的學校經營問題與危機，因此，師傅應具備的專業素養，不再只是本身經驗的累積，具備審視當前教育脈動，並透過轉化傳承給徒弟的跨域能力乃突顯出重要性。其次，師傅校長在輔導與陪伴徒弟時，也需作為專業支持網絡的一分子，讓雙方都可透過校長同僚性概念的擴大，建立起協作氛圍，共同面對 VUCA 的環境。

　　是故，在為國內中小學校長規劃一套師傅校長培育制度，展開各縣市師傅校長的培育前，便有需要建構一套師傅校長的培育體系，使師傅校長制度能涵蓋上述面向，促進師傅校長功能的專業化。目前，辦理師傅校長培訓的單位，有全校協和臺北市立大學二單位。此二單位數年來，已有規劃師傅校長培訓使用的系列性課程，並邀請學者專家擔任課程講師，提供師傅校長職前的培訓工作。然而，在培訓之外，若要讓師傅校長制度更加完整，則不能只有培訓，還要有一套可以涵蓋職前培訓，到行使任務，再到提供師傅校長專業支持系統，最後促進其成為師傅校長生涯發展的體系，如此，方可讓「培育」成形，為中小學師傅校長建立一套運作的系統性機制。

　　在探討培育機制的需要性，確認培育的重點事項時，則比照培育教師的職前培育系統，師傅校長也應該擁有一套「系統性」的培育體系。培育體系一來可以作為「改正當前『任意』邀聘的狀況，讓師傅校長的產生成為科學化」的系統；二來也可以明確設定所要育成的師傅校長專業素養，應包含協作與跨域的能力，以協助其將來可以發揮角色功能；三來更可以

成為師傅校長本身的專業支持力量，提供師傅校長在輔導與自身職涯專業發展上獲得必要的支援。上述事項，包含促成讓培育體系能有效運作的相關配套措施，都值得在規劃師傅校長制度時一併考量，讓體系健全成形。

第二節　建構師傅校長培育體系的前提

從現行的「任意」任用師傅校長到系統性的培育師傅校長，兩者間有著相當大的差距，我國當前已走到師傅校長的培訓，已是一種跳躍性的思維，若能規劃出完整的體系，則將使師傅校長制度更能長遠發展。建構師傅校長培育體系，應構思出目的、內涵與推動策略，並與現行師傅校長產生方式、運作機制及地方教育需求結合，方能設計出良好、可運作的體系並付諸實施。師傅校長培育體系之內涵，大致有下列幾項可予以探討。

培育體系對師傅校長的職涯發展助益

參加「師傅校長培育」，對具備豐富學校經營經驗，且願意傳承實踐智慧給後進的優秀校長，可以帶來什麼好處？如何成為師傅校長成就自我在專業成長上的期許和承諾？

培育體系對於師傅校長職涯發展的助益可分為兩方面，第一是師傅校長個人。一位校長就專業自主的觀點，本應不斷學習提升自身涵養及知識，尤其在資訊科技社會，知識的半衰期不斷縮短（吳清山，2022）。因此，參與培育體系的師傅校長能藉由培育體系取得新知，並能提升關於師傅校長專業知能。第二在於師傅校長角色本身。教育的目的在於知識、技能的傳遞，參加過師傅校長培育體系者，在輔導與協助初、現任校長時能更切中要點，完成輔導的目的。同時藉由一同參與培訓體系之其他師傅校長建立「校長同僚性」，並以協作方式逐步累積校長實踐智慧。

需要打造屬於培育體系一環的支持機制

　　培育體系除課程模組、講師人選、證書核發單位、效期之外，亦需要有對於培育體系的支持機制。例如師傅校長學員的選拔與薦送，還有回流教育的規劃等，這些都需要在規劃及推動上一併思考（Center on School Turnaround, 2017; Tomlinson, 1997）。

　　在師傅校長學員的選拔與薦送上，首先必須決定培育機制應採「儲備制」或「認證制」，才得以明訂學員的基本條件。儲備制係指只要滿足一定基準即可參與培育，結訓之後視本身專長分工，再由地方教育行政機關視需要賦予任務；認證制則指由地方行政機關或校長協會推薦品德兼優，且樂意擔任此工作者參與培育，結訓後立即交付任務。

　　除了培訓課程，為提供師傅校長專業支持，也需定期邀集師傅校長進行回流教育。回流教育一來有溫故知新的功能，二來亦能透過回流的機會讓師傅校長再度齊聚一堂，交流彼此的輔導經驗，互相檢視協作的成果，這亦是師傅校長人際資本的增長。此點於美國「全美小學校長協會」（Riley, 2020）所推出的「全國師傅校長培訓與認證計畫」中，亦設定師傅校長要在回流課程中繳交師徒制配對與輔導歷程報告才可取得師傅校長證照，即為此意。

　　另在配套措施方面，為使師傅校長在培育後能有效運作，故於培育體系中可以加入如以檔案方式記錄師傅校長之輔導歷程、建構師傅校長輔導績效指標等配套，以提升師傅校長之輔導成效。

參 如何讓主管機關活用師傅校長

　　要使師傅校長培育體系能運作順暢，必須要讓地方教育主管機關能活用師傅校長。因此規劃上，應考慮如何讓主管機關認可培育的效果與師傅校長協助地方教育政策的功能。要達此項目標，首先應要求師傅校長之專業。透過培訓與回流教育的實施，使師傅校長能不斷更新相關知識，掌握教育潮流，這樣就可讓師傅校長在結訓後仍具一段時間的適格性，必定較

現行任意指定之作法更能達成運用師傅校長機制之目標。

其次，若要活用師傅校長，應從其所扮演的專業角色進行規劃。師傅校長最基本的作用在於輔導及陪伴初、現任校長，協助他們解決所遇到的困境，進而將辦學經驗與智慧傳承予徒弟（林明地，2013）。教育主管機關在活用師傅校長時，亦可將之視為知識、經驗的傳遞者，讓其在適當時機能有演講、分享的機會，則教育政策必然可透過師傅校長周知，得到更廣泛的成效。

肆 師傅校長培訓體系之相關研究

現階段，師傅校長培訓體系之研究成果仍有限，但從相關文獻中亦可看出師傅校長培訓體系上應重視之元素。例如 Center on School Turnaround（2017）認為優質的師傅校長培訓體系從選拔師傅校長時開始，其次需要設定對師傅校長的期許。在課程中，應該含有溝通能力的訓練，並要能讓徒弟優化學校的組織，形塑學校特色，配套中則需為師傅校長建立訊息分享與輔導回饋的機制，以幫助師傅校長的成長。林雍智（2020a）提出課程除專業素養與輔導知能外，應加入對師徒的輔導案例進行深度評析，並讓學員經由實作、實習提出案例報告。Tomlinson（1997）指出師傅校長在幫助初任校長分析專業發展需求、個人發展計畫、學校組織及評鑑表現上扮演重要角色。The Wallace Foundation（2012）提出為初任校長制訂高品質的輔導和專業發展支持系統，有賴師傅校長制度發揮成效。再者，主管機關尚可制定校長標準、課程認證、核發證照和以經費支持來提升培訓品質。因此，上述相關文獻，可提供規劃師傅校長培育體系時之參考。

第三節 師傅校長培育體系之內涵建構

一套完整的師傅校長培育體系，需要包含體系本身的內涵（內在）與推動上的配套措施（外在），兩者在充分互相配合下，方能讓體系更完整，也有推動上之可能。薛春光等人（2023）曾經就師傅校長培育體系與應具有的配套措施，針對全國已接受過師傅校長培訓者進行普查。茲根據該研究之結果，統整說明師傅校長的培育體系各元素如下。

壹 中小學師傅校長之定位

師傅校長之定位，為體系內涵之首。具體的內涵，又可包含「師傅校長之使命」與「師傅校長之任務」二項。

一、師傅校長之使命

師傅校長之使命，大致包含「建構校長支持之系統」、「增進校長的專業資本」與「確保校長辦學之品質」三項。其餘尚可以加入如「提升校長辦學光榮感」、「傳遞教育理念與政策」等項。

二、師傅校長之任務

師傅校長之任務，大致包含「支持新進或夥伴校長」，其次還有「輔導校長解決實務困境」、「提升校長辦學專業表現」與「帶動校長領導的新趨勢」等。由此可知，師傅校長的使命和任務，乃聚焦於師傅與徒弟（受輔導者）之間的正向成長關係上。

貳 師傅校長培育體系的架構

師傅校長培育體系的架構，共可以再區分為六項，包含培訓課程之「課程模組」、「課程架構」、「講師人選」、「辦理單位」、「證照核

發單位」與「證照效期」。有關課程架構的詳細介紹，請參考第七章「師傅校長培育的課程規劃與修訂」。此處概述課程架構與配套規劃原則。

一、課程模組（屬性）

在課程模組上，師傅校長的培訓課程，可包含「師傅專業素養模組」、「績效品質管理模組」、「情緒管理課程模組」與「輔導諮商知能模組」。內容涵蓋師傅校長所需具備的專業素養與輔導知能，可以幫助師傅校長增能，亦增進其輔導初、現任校長的能力。若對照現行案例，可知全校協、臺北市、美國 NAESP 與日本的師傅校長培育亦有專業增能課程與績效品質管理課程（中華民國中小學校長協會，2018；臺北市政府教育局，2019；篠原清昭，2019；NAESP, 2019）。

二、教學方式

師傅校長培訓課程之教學方式，可包含「案例分析」、「實務演練」、「焦點座談」的課程。培育的目的乃在於協助學員成為一個師傅校長，以完成使命和任務。若再對照相關理論，可知涵蓋在師傅校長指導論下的師徒制、配對、案例分析、協助處理危機與解決問題等知能，需透過培訓課程習得，而案例分析、實務演練等課程，則有助於師傅校長建構校長同僚性與傳承實踐智慧。目前，現行案例中，全校協、臺北市已將案例分析融入各課堂中，而美國 NAESP（2017）、日本 NITS 則看重配對與實務演練，此亦提示了規劃培訓課程架構上所應有的內涵項目。

三、講師人選

講師人選的專業度與來源，是決定課程能否有效實施的關鍵。基本上，人才來源不外乎取自於「具師傅校長經驗者」、「獲得全國性獎項等有實績之校長」、「師資培育大學的學者」，至於有跨域分享經驗的企業 CEO 也可成為講師。目前，全校協與臺北市的講師人選，大都以師培大學教授作為主要來源，其中全校協雖有法律專家與行政人才（督學）等

設定，也有邀請如《親子天下》、《自由時報》等專家，但比例仍少；而臺北市則全部邀請師培大學教授擔任（林雍智，2020a）。最後，講師人選的代表性和專業性，也應與課程模組、教學方式搭配，建構周延的培訓課程。

四、主辦師傅校長培育之單位

我國現行有能力、有資源能主辦師傅校長培育之單位，大致上有「國家教育研究院」、「全校協」、「各縣市政府」、「各縣市校長協會」與「師資培育大學」。若以能否提供完整校長專業支持系統（包含師傅校長的職前培育與在職支持），則國教院和全校協均具備主辦之能力。然而現實上，國教院若進行師傅校長培訓，也需要地方政府委託，培育也要符合各地方的生態，因此在課程架構的在地性和多元性上仍有考量的空間。其次，身為全國性校長專業團體的全校協，現實上也正辦理全國性師傅校長培訓課程，未來可參考美國 NAESP，強化帶領校長專業成長的角色。然而，全校協要辦理師傅校長培訓課程，首重取得各縣市委託，且因經費源自教育部，因此其能否成為一個安定性的辦理單位，需要全校協和中央及地方政府建立共識。

五、證照核發單位

師傅校長的證照核發，亦是培育體系建構上必先確定之處。現實上，國內具備核發師傅校長證照的單位有教育部、實際辦理培育單位（如國教院、全校協、師資培育大學）與具備校長人事任免權責的地方政府等單位。目前，參與全校協師傅校長培訓課程的各縣市師傅校長，由全校協製發「結訓證書」，其位階尚未提升至「證照」位階，顯見後續仍有完善之空間。

我國教師證書係由教育部製發，因此，由教育部發給師傅校長證書會較具公信力，但若要教育部發證，則培育體系的嚴謹性亦須是最高的。至於國教院因無校長人事管理權責，因此若成為證照核發單位，首應取得教

育部之支持與各縣市之承認。此部分在全校協身上亦相同。全校協是全國性校長專業團體，其亦被期待如國外專業團體般，辦理增能、審查與簽核之角色。未來，全校協亦可仿效美國 NAESP，累積一定公信力之後，邁向更具專業性的團體。當然，師傅校長證照的核發上，也可先由全校協辦理課程，再送地方主管機關或教育部採計與發證，這種分工方式在專業度上與減低行政機關業務量上亦有幫助，相關作法值得參酌。

六、證照效期之設定

師傅校長有了專業證照，則證照效期亦需要設定期限。一來讓其有退場機制，二來讓師傅校長培育可以因應師傅校長的階段性職涯成長需求，有明確的進階設定。

目前國內各專業人士，如心理師、醫師等人的證照效期大約定為 6 年（吳清山等人，2021），若復考量成為師傅校長之年齡與強制退休年齡之關係，師傅校長證照的效期，亦可比照國內專業人士證照效期設定為 5-6 年，以確認師傅校長為專業人士，並讓其職涯發展可以有階段區隔。

第四節　推動師傅校長培育體系之配套措施

配套措施係作為建構一個完善的師傅校長培育體系所需要的支持策略，其廣義的內涵包含任何支持師傅校長培育體系順利運行的政策與措施，這些內涵可能會隨著培育體系的實施上路而持續的出現，需要制度的立案者（如教育部及地方政府）和辦理者（如全校協）共同思索，逐步完善各種配套措施。以當前而言，推動師傅校長培育體系上的配套措施，可從對師傅校長的「優遇」，如獎勵、支持系統、輔導歷程檔案等的設置，以及作為檢視師傅校長實際輔導經驗、精進師傅校長功能的「回流課程內涵」二大部分著手規劃。茲將此二部分依序說明如下。

對師傅校長的專業支持

　　爲了提供參與培育的師傅校長自我效能感與使命感，對師傅校長提供各種支持系統，以促發其努力執行被交付的輔導任務是有必要性的。這些相關的優遇措施，大致包含「辦理師傅校長成長支持系統」、「建立師傅校長輔導歷程檔案」、「建立師傅校長輔導關鍵績效指標」等有關於「支持」師傅校長遂行其任務的配套措施。

 對師傅校長的獎勵

　　對師傅校長的獎勵，可以激發師傅校長的尊榮感，促進其邁向典範師傅校長的職涯發展階段，對完善師傅校長培育有高度的助益。在考量地方政府現實財政狀況下，對師傅校長的獎勵，可以納入如「獎勵師傅校長公費國外參訪交流」、「提供師傅校長輔導津貼加給」與「定期追蹤師傅校長輔導成效並給予敍獎」等項目。其中，如公費國外參訪交流，可至有辦理師傅校長培育、師徒制輔導的國家進行國際交流，一邊學習他國作法特色，一邊亦可以分享臺灣師傅校長執行狀況，此對促進師傅校長專業素養能帶來有價值的效益。

參 提供師傅校長回流課程

　　回流課程的定位有二。其一是作爲支持師傅校長遂行角色任務的支持系統，參與回流的師傅校長可以分享輔導狀況，透過「校長同僚性」的作用促進師傅校長人際的專業成長；其二是對師傅校長職涯發展上來說，回流是發展階段間的實踐活動，同時在回流課程中也可以更新對教育發展趨勢的理解，促進師傅校長本身的專業發展。

　　因應師傅校長特性，回流教育的辦理方式，可以規劃「案例討論分析與應用」、「各種初、現任校長輔導與教育議題的討論」、「跨縣市的交流參訪」、「專業成長課程」等。其中，回流教育亦可安排跨縣市師傅校長共聚一堂，彼此交換所屬縣（市）的教育狀況，亦是值得嘗試的作法。

第五節　如何建構完整的師傅校長培育體系

綜合上述探討，在建構師傅校長培育體系上，首應了解建構師傅校長培育體系的前提條件，才能進入具體規劃的階段。在體系內涵上，大致包含「師傅校長定位」與「培育體系的架構」。其中，培育體系的架構又可再細分為「課程模組（屬性）」、「課程架構」、「講師人選」、「主辦培育之單位」、「證照核發之單位」、「證照效期之設定」等項目。

其次，要建構一個可以運作的師傅校長培育體系，也應有相對應的配套措施。配套措施包含提供支持系統，如設置輔導歷程檔案等，以及對師傅校長的「優遇」，還有為了檢視師傅校長實際輔導經驗、精進師傅校長功能的「回流課程內涵」三大部分。為求清楚了解師傅校長培育體系的各項元素，本章將完整的培育體系整理如圖 6-1 所示。

最後，回到師傅校長培育體系建構的初衷，探討為何要建構此項培育體系，其最主要的目的，不外乎協助培育出合格、專業、具有輔導能力的師傅校長，讓其能支持初、現任校長精進學校經營。其次，培訓體系本身也要能符合「校長」和「師傅校長」兩種身分者的職涯發展需求，讓其作為校長職涯發展的最高階段，接受培育的師傅校長，則在證照效期與回流教育上，再有進階的空間，以成為能引領地方教育發展的典範師傅校長。這是一套提供中小學校長完整職涯規劃的體系，也是將校長培育從鬆散的結構轉向路徑明確的系統化結構的進程。

在配套措施上，本章倡議應由中央主管機關製發師傅校長證照，以提供師傅校長在輔導與陪伴初、現任校長上的有效地位。教育部現行已對若干校長成長方案製發結訓證書，因此在適法上並無問題。只要在培育體系確立後，在辦理上有嚴謹性（明確的課程指標、明確的授課講師資格要求等）與認證機制，則教育部製發證照的可能性就會提高，且師傅校長若具備「公信力」與「通用性」之證照，那麼師傅校長的角色將從過去的「受獎賞者」，成為一個行使專業的人士。

最後，具備運用師傅校長制度的地方政府，也應明訂師傅校長的身

圖 6-1

中小學師傅校長培育體系概念

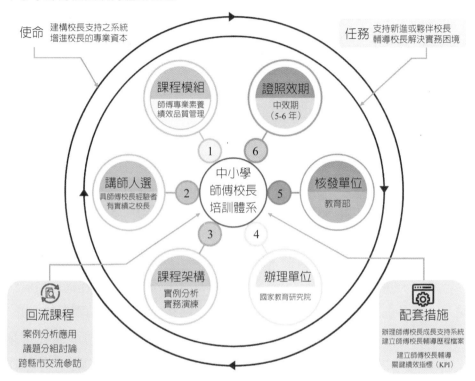

註：取自中小學師傅校長培訓體系之研究：體系內涵與推動配套措施。薛春光、方慶
　　林、林雍智、游子賢，2023，**教育政策論壇**，**26**(4)，頁 119。

分，並賦予其輔導職責，促進其貢獻專長，協助地方教育成長的機會。師
傅校長的角色，能協助初、現任校長安定學校，亦能傳遞教育及學校文
化，提升地方教育之品質。期待地方政府可善用此一制度，為教育發展注
入正向能量。

本章為「林雍智、游子賢（2022）。如何培育協作與跨域的師傅校長：培育體系的規劃
與推動。**臺灣教育評論月刊**，**11**(4)，112-121」與「薛春光、方慶林、林雍智、游子賢
（2023）。中小學師傅校長培訓體系之研究：體系內涵與推動配套措施。**教育政策論
壇**，**26**(4)，95-128」的綜合改寫。

第七章

師傅校長培育的
課程規劃與修訂

林雍智

第一節 師傅校長培育課程的課程觀

　　如何規劃師傅校長培育課程體系，是建構師傅校長培育制度之初應考慮之重要事項。在課程體系的規劃上，必須注意到「符合師傅校長角色需求」、「能形成師傅校長全面素養」、「對照國內外校長專業標準」等因素，也需「考量師傅校長工作負擔」。又由於師傅校長培育體系在我國，屬於在校長職涯專業發展進程中一項最高階的初步規劃，因此，在規劃前亦需參考國外師傅校長培育課程，以了解我國師傅校長培育體系的定位。在開始辦理培育前，則需要為每堂課程媒合合適的授課講師，在各縣市場次辦理後，亦需要就「課程實施狀況」、「學員回饋」與「課程和各縣市需求的配合度」進行滾動式修正，以精進培育課程體系。

　　本章主旨，乃在說明師傅校長培育課程的規劃與修訂情形。各節會依研擬、執行、檢討三階段說明，亦會概述全校協在推動此課程時與各縣市教育行政機關和校長協會溝通協調的歷程。

　　目前，相較於完整的教師專業發展途徑，國內對中小學校長規劃的專業發展途徑仍未周全。以教師而言，教師從職前的師資培育到報考教師

資格檢定、教師甄試，再到在職研習、學位進修，相當嚴謹並具有系統性，且培育課程的適切性時常受到檢視與評鑑。不過，中小學校長的產生，採行的途徑是「任意」的，也就是憑有心要擔任校長工作者的意願，而不是「計畫性」的培育，也就是選用特定對象並培育的方式。因此，人才培育政策上不僅對「教學專業」與「學校經營專業」並未設定明確的分流點，報考主任、校長憑藉的是「意願」，且相當於法定位階的培訓亦只有「校長儲訓」階段的課程而已，其餘如職前的培育或在職研習雖多少具備政策功能，但並未成為系統性的專業發展途徑，校長專業發展的軌道也未涵蓋一位校長的完整職涯。

目前，「師傅校長」並未成為一項制度，擔任師傅校長也不會成為績優校長的使命。因此，師傅校長人選產生與資格認定，現階段亦無體系性或強制性的規範。因此，在研擬階段，所建構出的師傅校長培育課程，必須要能扮演以下兩個角色。

壹 師傅校長培育課程要協助校長具備擔任師傅校長的素養

師傅校長可以界定為初、現任校長的指導者與陪伴者，其是一種「師匠」，亦是一位「導師」，更是一位「陪伴者」（蔡進雄，2017）。師傅校長培訓課程的建立，對師傅校長本身來說，是學習成為一個合格師傅校長的導入課程。

能參與師傅校長培育的校長，本身已具備豐富的學校經營經驗，亦能分享其任職過程中所遭遇的各種案例，其更獲得多項中央級、地方級，甚至是國際獎項。因此「學校經營知能」、「行政領導素養」等屬於儲訓、初任導入階段的課程內涵並不是師傅校長培育課程的主軸。然而，處於進步快速的時代下，單憑經驗的累積及舊經驗卻是無法有效重組轉化為新知識、形成教導後進的專業素養（岐阜大學教職大学院，2018）。是故，師傅校長亦需要透過培訓課程，從能力觀（capacity）的觀點為其增能（empowerment）。

　　其次，師傅校長同時亦需具備輔導知能，方能有效將知識轉化爲輔導工具，有效輔導初、現任校長。再者，師傅校長間的同僚性亦能像Hargreaves（1994）提到「政策上的人爲的同僚性，在運作之後也會成爲眞正的同僚性」般，經由接受培訓課程的過程，先形塑人爲的同僚性，再尋求建立眞正的同僚性與擴大同僚性的機會。

　　綜上所述，師傅校長的培育課程架構，必須以增能的觀點，對師傅校長的理念、使命任務、專業素養、輔導能力提供足夠的支持，這樣的課程方能爲師傅校長所需。

貳　師傅校長培育課程要成為校長職涯專業發展的最高節點

　　建構師傅校長培育課程，並讓課程成爲培育體系的一環，乃帶有完成校長職涯專業發展途徑與校長專業支持體系的功能。對參與師傅校長培育的學員本身來說，能透過培育課程加入師傅校長行列，進而發揮影響力去傳承校長的實踐智慧，是一項榮譽的工作。因此若師傅校長制度最終能夠成爲校長職涯專業發展的一部分，培育就是職涯發展的頂點。師傅校長培育將可整合串連現有，但並不完整的校長培育（職前）、校長儲訓、初任校長研習、在職校長定期回流課程，成爲一條完整的校長職涯發展路徑。

　　其次，經由課程培育出來的師傅校長，在執行師傅校長的角色職責時，也不能任其單打獨鬥。要讓師傅校長充分扮演好角色，一套校長專業支持系統，或是再統合各縣市各自的支持系統形成能互相聯絡的大系統仍是必須的。如此，師傅校長才有可以使用的工具和資源，提供所輔導的初、現任校長解決問題、精進經營。因此，培育課程的內涵中也應融入專業支持系統的介紹，並期待在結訓後，也可以定期邀集師傅校長進行回流教育，以更新其對最新教育發展趨勢與最近可用專業支持系統的理解。換句話說，培育課程亦具備一種橋接功能，讓師傅校長可以在培育後仍能有效運作，讓師傅校長制度能發揮效用，進而穩固此制度之價值。

第二節 師傅校長培育課程的研擬階段

　　校長需要專業發展。有系統性規劃、提供身處職涯各階段校長的專業發展途徑，並能對應其需求之專業發展課程，才能有效協助校長因應學校經營狀況，使運作上軌道。因此，在課程的研擬階段，研究團隊要做的，是依照前節的課程觀，考量師傅校長有哪些需求，又要如何透過各門課程滿足其需求。

　　在校長專業發展途徑中，最常被提及的乃是「校長儲訓」。此一階段的課程，由於容易獲得國內各辦理機關的資料，也易比較各國的概況，因此最受到廣泛的探討。其次，校長的職前培育則是近 20 年來受到重視的概念，從文獻中亦能取得相關作法（鄭崇趁，2013；篠原清昭，2017）。至於「師傅校長培訓」的推動，國際的作法上，例如有美國的「全國小學校長協會」（National Association of Elementary School Principals, NAESP）提出的師傅計畫（mentor program）（Riley, 2020），以及日本兵庫教育大學以培訓師傅校長與教育行政首長等領導者為目的，於 2016 年起所推出的全國第一個教育政策領導課程（兵庫教育大学，2020）等。日本 2017 年時，在中央研習層級的「獨立行政法人教職員支援機構」（National Institute for School Teachers and Staff Development, NITS）也對師傅校長試行「上席校長」制度規劃，並設定 30 小時的課程，但目前課程架構仍為草案，還待正式確定方能實施（篠原清昭，2017）。不過，相較於一般校長的培訓體系，師傅校長培育規模與辦理案例仍少，推估其原因有二：

1. 部分主要國家將其視為學術本位的在職進修，讓校長利用赴大學取得進階學位的方式完成。

2. 師傅校長的培訓課程應該培訓什麼核心能力，少有文獻進行系統的整理與論述。

　　這也代表了我國要建構系統性的師傅校長培育課程，雖然可以參考各

國辦理案例，但在可供參照的相關辦理機制仍不充分，且缺乏文化相似的東方國家的全國性辦理案例下，如何建構一個全國性的培育制度，仍有難度。從另一角度來看，既然在培育課程的規劃上較無前例可循，因此在研擬上，就應該以師傅校長的「能力觀」、「專業發展觀」為本，回到師傅校長本身的需求，先在其專業發展途徑上依各階段特性與需求進行規劃，並讓課程串連成支持校長職涯需求的系統性架構。

　　再來，設定師傅校長培育課程應給予哪些能力與素養的培養。如前節所述的，就兩項目的增能師傅校長外，政策上亦期待其能具有輔導及陪伴初、現任校長的素養，依這些考量，對培育課程所做的基礎規劃，包含下述四項。

壹　師傅校長的使命與角色任務

　　師傅校長的角色與使命的明定，即為建立師傅校長受期待的「專業圖像」。在師傅校長的專業圖像中，除應有符合現代社會要求校長應該具備的專業觀、能力觀之外，還需有擔任「師傅」的圖像。

　　師傅校長應具備哪些核心能力以及什麼樣專業觀，應從世界各國所發布的專業標準／專業素養著手，了解校長的專業標準對校長應具備之能力或素養的期待；而「師傅」的圖像，可以參酌歐美對「mentor」或「coach」的定義，輔以東方國家對「師傅」的界定而成。在此之外，卓越校長的特質或作為（白石裕，2009；Day & Gurr, 2014；Day & Leithwood, 2009；Moos, Johansson & Day, 2011），亦可同時提供建構師傅校長培訓課程架構參照。

貳　師傅校長的專業素養

　　師傅校長所需的專業素養，與一位正在接受儲訓的候用校長，或是一位初任校長不同。師傅校長的專業素養，必須同步更新各課程內涵中的最新發展狀況，也要能將課程中所得作為輔導初、現任校長的知識。因此課

程的目標並不是完完全全直接作用在師傅校長本身上，而是要師傅校長習得這些專業素養之後，思考如何將其運用到輔導初、現任校長上，進而帶動初、現任校長的同步成長。

　　基於上述目的，接著針對各種師傅校長所需的專業素養領域，方能區分課程目的是要給師傅校長使用的素養，還是透過師傅校長來傳遞的素養。當然，一門課程亦可能同時含有此兩項目的，此時就需要授課講師釐清學習目標。

　　專業素養課程的科目，大致包含圍繞在校長身旁所需要的領域，如「理解教育政策」、「組織優化」、「領導能力」、「成員溝通」、「內外資源應用」、「提升經營績效」等項目。這些項目雖經常出現在各階段校長職涯專業發展的培訓中，但因課程目的不同，課程內涵、授課方式、習得評量等乃需特化為師傅校長所需的架構，並尋找能在課程中具備充足專業經驗，能帶領師傅校長成長的講師，如此方能為學員接受。

參 師傅校長的輔導知能

　　師傅校長的角色扮演中，輔導功能亦是重要項目。輔導功能界定為「在於與初、現任校長能有效溝通、協調、對話，也在於提供身教典範或諮詢機會，讓初任或現任校長在有需求時，願意對其敞開心胸、尋求協助。」此點與東方國家的「師傅」角色相近。師傅校長也被期待透過正向同僚性的運作與擴大，提供初任或現任校長支持，來為其建構同僚性。依同僚性理論中的可以防止倦怠（burn out）的功能，就算師傅無法立即替初任或現任校長解決困難，但師傅本身之存在，就足以給予心靈上足夠的勇氣去面對困難（小沼豐、蘭千壽，2013；紅林伸幸，2007）。師傅校長的角色中，還有近期由 Hargreaves 與 Fullan（2012）提出，受到矚目的專業資本功能（professional capital），因其可以協助初任或現任校長獲得所需的人際及社會資本，在決策資本上，亦能有效幫助初任或現任校長做決定。另外，在 OECD 所提到的「共同能動性」（co-agency）概念

中，教師同儕間會彼此互相影響其能動性，因此教師同儕若有專業能力
（capacity）能提供引導專業成長的建設性行動，並扮演有效的陪伴關鍵
角色，將有助於學生的學習與構築更廣泛的社群。此理念若應用在師傅校
長的角色中，亦可以與校長同僚性呼應，進一步確定師傅校長存在的價值
（Calvert, 2016; Organisation for Economic Co-operation and Development,
2019）。

肆　師傅校長協助地方教育政策的功能

　　師傅校長的使命，除輔導初任或現任校長外，還有協助教育行政機關
推動教育政策及興革之使命與任務。對地方教育行政機關來說，能將教育
政策具體落實到學校層級，靠的是政策目標的有效傳遞與政策工具的有
效運作，特別是在我國的校園與教師生態下，亦需要校長作為上傳下達
的角色。在這當中，師傅校長可以協助將經營、溝通對話及危機處理的
技巧和經驗傳承給初、現任校長，並在旁檢視初任或現任校長是否能有效
處理。據此，師傅校長在協助地方教育政策上，亦負有「協助教育政策落
實」之使命。

第三節　師傅校長培育課程的實際規劃階段

　　進入實際規劃階段的培育課程，研究團隊承繼上述研擬階段對師傅校
長培育課程應有之思考點，首先參考現階段校長儲訓、初任研習等培力與
增能的課程框架。其次，標定師傅校長所應具備基本條件、專業素養與輔
導知能，再從其專業素養中析出可供建構課程內涵使用之各核心元素。茲
將培育課程內涵架構分述如下。

師傅校長的定義與參與培育資格

師傅校長培育課程之對象，爲富有使命感、學養俱佳、具備豐富辦學經驗且願意擔任初、現任校長指導、輔導者，並協助傳遞教育政策之現職或退休校長。其合適人選應具備一定的校長資歷、辦學績優的證明等，如此才符合參與培育之條件。以全校協的師傅校長培育爲例，其師傅校長應具備至少二校以上校長資歷，並獲有全國性獎項（如教育部師鐸獎、教學卓越獎、校長領導卓越獎等）。考量校長一任任期之設定，全國有 3 年、4 年，第二任則有 6 年、7 年、8 年等狀況，因此「校長資歷」乃採「二校」，而非「年數」。

其次，參與師傅校長培育課程的學員，包含高中、國中與國小校長。學員需要在課程進行中以跨性別、跨學校所在區域或跨教育階段的方式進行異質性分組，此考量在於經過異質分組的方式擴大學員的校長同僚性，並能在小組內活化彼此共同與相異的辦學經驗，使其統整實踐智慧，培育出校長心志。

最後，在學員人選的產生上，全校協期待人選能兼顧地方校長協會與地方教育行政機關兩者之意見。其理由爲師傅校長後續進行職務中，需要專業支持系統持續的提供資源，其中校長協會可以扮演挹注專業支持的角色，而師傅校長角色若能獲得教育局（處）認可，就會被授予任務，進而展現師傅校長服務的價值。

貳 師傅校長的功能

我國的師傅校長在運用上，除前輩校長與後進校長的私人關係外，最有目的之運用，可歸結到校長儲訓班所引進師傅校長輔導作爲上（吳清山，2001；鄭崇趁，2013）。擔任師傅校長者應具備的資質，國外學者認爲師傅校長應該能「反思專業實踐」、「進行語言與非語言的溝通」、「能提問、傾聽、觀察、回饋及自我評估（self-assessment）」（Capasso & Daresh, 2000; Collier County Public School District, 2019）；國內學者

則大致認為應具備「良好、正向的教導態度」、「領導特質」、「個人操守」、「持續省思」、「堅定信念」、「人際關係技巧」、「樂於溝通協調」、「明確認知環境」及「主動學習意願」等態度，並要能夠指出徒弟問題所在，協助徒弟表現得更好（吳清山，2001；張德銳，2005）。

　　承上對師傅校長角色特質的界定，全校協所設定之師傅校長功能，在於指導、輔導與支持陪伴初、現任校長上，不在於進入校長儲訓課程之師傅導師。其次，全校協設定師傅校長亦是校長專業支持系統的一環，透過師徒制實際輔導初、現任校長，一來傳遞教育理念，二來也能精進擔任師傅的專業素養。再者，師傅校長也負有協助地方教育行政機關推動重要教育政策的任務。

參　師傅校長培訓課程核心元素的掌握

　　師傅校長應具備的專業能力／素養，係設定於在現有的校長專業標準之上，其應該超越一般校長應具備之專業能力／素養的基準點，再從基準點的延伸線上，融入師傅校長豐富的辦學經驗，以形成適合的師傅校長培育課程。依此構想，培育課程的核心元素，可以參照：(1) 各國的校長專業標準；以及 (2) 各國師傅校長培育課程，並從中提取共通的重要元素。以下分項說明之：

一、各國校長專業標準

　　校長的專業標準可視為是一套核心的專業素養規定，探究各國的校長專業標準，也有助於找到規劃師傅校長培訓課程的關鍵元素。同時，校長專業標準也可以作為檢視校長辦學使用，更可以將其與現行的儲訓及初任研習課程體系進行對照，了解上述課程是否有助於校長達成專業標準（林雍智，2019）。

　　目前，世界主要國家訂有校長專業標準或是專業素養者，有美國、英國、澳洲、紐西蘭與日本等國，而我國部分，全校協也提出「校長專

業素養指引」（中華民國中小學校長協會，2020；Australia Institute of Teaching and School Leader, 2014; Ministry of Education [New Zealand], 2008; National Policy Board for Educational Administration, 2015; Department for Education [UK], 2015; Japanese Association for the Study of Educational Administration, 2009）。歸納上述國家校長專業標準中相似部分，乃可以協助找出規劃師傅校長培訓課程時所需之核心元素，再輔以專業觀與能力觀的觀點，設計更能培訓高度專業水準的課程。

　　表 7-1 整理的資料為校長專業標準／素養的各國比較。從該表可得知校長的專業與領導作為中，「形塑願景」、「發展教師專業」、「管理學校組織」、「引導教與學、促進學校改進」、「提升學校績效」、「統整社區關係」等元素是校長專業中共同較受強調的構面。因此想必辦學經驗豐富的師傅校長也應具備這些構面要求的專業素養。

表 7-1

校長專業標準／素養之各國比較

項目 ＼ 國別	美國	澳州	英國	紐西蘭	日本	臺灣
倫理規範	◎		◎		◎	◎
形塑願景、發展學校	◎		◎	○（形塑價值文化）	○	◎
引導教與學	○	○	○	○（成員合作學習）	○（建構提高教育活動的協作體質與文化）	◎
發展自我及教師專業	○（校長行為規範）	◎	◎	◎（提升學校成員專業）	○	◎

國別＼項目	美國	澳州	英國	紐西蘭	日本	臺灣
管理學校組織	◎	◎	◎	◎（管理學校系統）		○（行政管理）
確保／提升學校績效				◎		
統整地區資源與關係	○（家長和社區的有意義參與）	○（參與社區活動）	◎	○（管理網絡）	○（了解學校所在地區之社會與文化因素）	◎
提高學生學習成效				◎		◎
學校改進	◎	◎	◎	◎		

註：本表中呈現◎號者為完全符合，呈現○號者，為大部分符合。

二、師傅校長相關培育課程

　　師傅校長培育的相關課程，目前有美國NAESP的師傅計畫（National Association of Elementary School Principals, 2017），在結構上包含「領導力沉浸式研習」（leadership immersion institute）與「國家級師傅校長認證計畫」（national principal mentor certification program）兩部分，這兩種課程可說是包含專業增能與輔導知能提升之課程架構（Riley, 2020），因此成為主要的參考案例。

　　其次，日本的「獨立行政法人教職員支援機構」（NITS）於2019年度起對教師研習課程體系的再編作業規劃中，納入「上席校長」的集中講習計畫（篠原清昭，2019年6月20日），此案例也成為主要參考標的。

　　再其次，研究小組也參考了日本兵庫教育大學（2020）所推動的教育政策領導課程體系。其體系包含基礎科目、專門科目與實習科目，其中

基礎與專門科目的授課領域涵蓋教育領導者及師傅校長的「課程經營」、「教學支援」、「學校經營改進」、「現代教育理念與背景滲透」、「社區與學校」、「資訊蒐集、分析與構想」、「規劃、實施與判斷」、「組織人事」等課程。

　　研究團隊綜合歸納各國校長專業標準中皆出現的重要構面與參考指標，以及美國 NAESP、日本 NITS 上席校長課程與兵教大的課程體系，綜合整理如表 7-2 所述之師傅校長應具備之專業素養指標。此指標共含六大向度與各 3-5 個具體指標。這些專業素養，將作爲師傅校長培訓課程中之「專業素養增能」課程核心架構。

表 7-2

師傅校長專業素養指標

向度	指標
形塑學校願景	1-1. 師傅校長能將教育政策轉化為學校願景 1-2. 師傅校長能依據學校願景，制定具體的發展目標 1-3. 師傅校長能結合學校原有特色，並與內部成員充分溝通，形塑願景 1-4. 師傅校長能帶領初任校長掌握親、師、生的需求，形成願景 1-5. 師傅校長能善用學校內外部資源，實踐學校願景
發展教師專業	2-1. 師傅校長能激勵教師工作熱忱 2-2. 師傅校長能協助教師規劃專業發展 2-3. 師傅校長能帶領初任校長轉化教師內隱知識成為外顯能力 2-4. 師傅校長能支持教師專業社群運作，提升專業文化
發揮團隊潛能	3-1. 師傅校長能形塑團隊共識，匯聚正能量 3-2. 師傅校長能洞悉團隊文化變革，提出因應策略 3-3. 師傅校長能激勵團隊，發揮潛能
優化組織管理	4-1. 師傅校長能建構組織運作之規準 4-2. 師傅校長能建立聯繫、溝通、轉化的能力 4-3. 師傅校長能界定、提升與發揮個人領導力
提升學校績效	5-1. 師傅校長能釐清學校優劣勢，創造學校成就 5-2. 師傅校長能凝聚利害關係人共同想法，形成一致目標 5-3. 師傅校長能激勵利害關係人熱情、共同努力的態度 5-4. 師傅校長能達成學校設定的具體發展目標

向度	指標
凝聚社區動能	6-1. 師傅校長能建構學校與社區的最佳互動模式 6-2. 師傅校長能了解社區人士期待，發展學校定位 6-3. 師傅校長能引入社區助力，主動協助學校發展 6-4. 師傅校長能帶動社區成長，共享資源、繁榮學校

　　在師傅校長應具備之「輔導知能」的課程架構規劃上，研究團隊參酌前述師傅校長的特質與功能、美國 NAESP 之師傅計畫中的「國家級師傅校長認證計畫」，以及日本 NITS 與兵教大之課程體系，訂立「協助進行學校經營診斷」、「發展溝通專業技巧」與「培育初、現任校長的經營能力」三向度。每向度再擬定三項具體指標，以構成輔導知能課程。

肆　師傅校長培育課程之架構

　　師傅校長培育課程之初期架構設定，依照對師傅校長核心元素的歸納，以及各國師傅校長培育課程體系，再參酌全體課程開設的需求，例如辦理時間、辦理地點、承辦單位的負擔、學員兼顧本課程課務與校務的平衡等條件，研究團隊將培育課程設為具備「專業素養增能」與「輔導知能提升」的兩大體系之課程。再加上作為師傅校長核心課程之「對師傅校長使命、倫理的傳遞」課堂，以一堂課 3 小時，共計 10 講堂，30 小時的「1+6+3」架構進行規劃。師傅校長培訓課程體系，如圖 7-1 所示；課程架構（節次、主軸、課程名稱與課程內涵）則列於表 7-3 中，實際在各縣市辦理課程之概況，可詳見第十章之說明。

　　從表 7-3 所示之架構中，可得知每一堂課皆有所屬之課程體系，且課程表中透過臚列出課程主軸、課程名稱與課程內涵，可讓辦理單位、授課講師與學員皆清楚該課程的屬性與內涵。

圖 7-1

師傅校長培訓課程體系

表 7-3

師傅校長培育課程架構

節次	課程主軸	課程名稱	課程內涵
第一堂 核心	師傅校長的 使命與倫理	師傅校長心願景： 師傅校長 10 堂課	1. 師傅校長使命與倫理。 2. 師傅校長角色、圖像。 3. 未來教育趨勢與教育哲學觀。
第二堂 專業素養 增能	教育政策 轉化	預見未來學校： 轉化政策發展	1. 將教育政策，轉化為學校願景。 2. 依據學校願景，制定具體的發展目標。 3. 掌握親、師、生的需求，形成願景。 4. 善用學校內外部資源，實踐學校願景。
第三堂 專業素養 增能	教師專業 資本	如何打動教師的心： 提升教師專業資本	1. 激勵教師工作熱忱。 2. 協助教師規劃專業發展。 3. 轉化教師教學與課程建構能力。 4. 支持教師專業社群運作，提升專業文化。

節次	課程主軸	課程名稱	課程內涵
第四堂 專業素養 增能	激發團體 潛能	當我們同在一起： 發揮團隊合作潛能	1. 形塑團隊共識，匯聚正能量。 2. 洞悉團隊文化變革，提出因應策略。 3. 激勵團隊，發揮團隊合作潛能。
第五堂 專業素養 增能	學校組織 優化	leading 未來： 優化組織管理策略	1. 建構組織運作之規準。 2. 建立聯繫、溝通、轉化的能力。 3. 案例討論：校園危機處理與應變。
第六堂 專業素養 增能	學校經營 效能	Yes, we can.： 提升學校經營績效	1. 釐清學校優劣勢，創造學校成就。 2. 凝聚利害關係人熱情與共識，形成一致目標。 3. 透過課程及教學領導關注學生學習成就。
第七堂 專業素養 增能	學社互動 融合	美麗心視野： 凝聚社區家長動能	1. 建構學校與社區的最佳互動模式。 2. 了解社區人士期待，發展學校定位。 3. 引入社區助力，主動協助學校發展。 4. 帶動社區成長，共享資源、繁榮學校。
第八堂 輔導知能 提升	校長的 學校經營 診斷	為學校把脈： 診斷分析問題解決	1. 學校問題診斷：學校問題分析，發現學校經營問題所在。 2. 人格心理診斷：校長的內在心理、適應力診斷。 3. 社會環境診斷：學校各項社區資源分析及對校長的影響。
第九堂 輔導知能 提升	校長的 溝通與輔導 技巧	聽‧說： 發展溝通專業技巧	1. 針對個案學校進行溝通輔導。 2. 培養專業溝通技巧，包含傾聽、對話討論、激勵等。 3. 對於特定目標行為，建立達成歷程檔案。

節次	課程主軸	課程名稱	課程內涵
第十堂 輔導知能 提升	校長的 學校經營 品質	有 Tempo 成功： 培育校長經營能力	1. 將特定目標變成行動，轉化為結果，確保質量之能力。 2. 貫徹執行設定目標意圖，完成預定目標的實際操作能力。 3. 將學校經營策略、規劃轉化為效益、成果的關鍵因素。

第四節　師傅校長培育課程的實施階段

　　全校協的師傅校長培育課程計畫，第一期程設定為 3 年，在 2018 年度開始對課程內涵進行規劃，並於 2019 年度進行第一年試辦，於 2020 年度進行第二年辦理。接著再於 2021 年開啟亦為 3 年的第二期程接續辦理，至 2024 上半年已執行 19 個縣市，幾乎除離島外已涵蓋全國所有縣市，培育出約 300 位師傅校長。本章將師傅校長培育課程的歷程，分為規劃期、試辦期與辦理期三階段，茲說明各階段重點於下。

壹　規劃期

　　本階段利用 1 年期間（2018 年度）規劃課程所應包含之課程架構與課程內涵。研究團隊透過國內外文獻，例如校長學、校長培育學與各國校長專業標準或類似的培訓課程，找出校長應具備之專業知能，並將其轉化為師傅校長所應具備之專業知能。輔導知能上，則從探究師傅校長特質與功能之相關文獻中，歸納出應具備的輔導知能。在完成規劃全體流程作業前，為求嚴謹，再辦理以下兩項會議，增進課程架構之合理、有效性。

1. 邀請國內熟悉教育行政與校長培育之學者專家進行兩場焦點團體座談。
2. 東亞地區校長培育研討會，邀請日本學者篠原清昭、芥川祐征、平澤紀子，以及南韓學者高鑌，來臺分享日本及南韓校長系統性培育與專

業發展途徑的規劃，並與本國校長進行對話。

　　上述兩種會議的目的在要求課程能聚焦於「從師傅校長的觀點，對其在輔導初、現任校長時應具備的專業素養與輔導知能」之上，而非再次的對師傅校長傳授「身為一個校長自身應該具備的專業知能」課程，期使課程成為師傅校長增能的有效工具。

貳 試辦期

　　第一年度（2009 年）的試辦中，邀請參與該課程之縣市有新北市、新竹縣、臺東縣。邀請原則不但兼顧全國各分區之特性，同時也衡量該辦理縣市中對培訓師傅校長之意願，以及該縣市可產生師傅校長人選之空間，擬定辦理計畫。第一年度之辦理規劃重點，包含「學員的來源與課程編組」、「學員人數設定」、「課程開課時間」、「授課講師時間分配」與「結訓證明書之製發」等事項。

　　由於師傅校長培育課程為國內首次辦理，試辦期的重點在於「與辦理縣市溝通、取得共識」、「與授課講師備課、使其了解課程目的與教學方式」、「取得參與課程之學員回饋、了解課程優缺點」等事項。第二項重點，則要使培育課程亦能兼顧地方教育的特色及需求，再透過本年度的試辦，將此需求反映至課程體系內。

　　在學員回饋中，全校協邀請參與培訓課程之學員在每一課程結束前填答課程回饋問卷。問卷內容就「培訓主題」、「培訓安排」、「課程內容」三主題，以五點量表方式提供選擇，並另設有質性問題，讓學員對「講師人選的適切性」、「課程活動的有效性」、「課程中討論案例的必要性」與「全體培訓課程問題」進行實質回饋，作為修訂課程之參考。

　　第二年度（2020 年）的試辦上，承繼第一年度的經驗，在邀請辦理縣市、與該地校長協會溝通、與承辦學校接洽、辦理講師備課、選定課程辦理地點及相關事務的聯絡調整上，均較為成熟。值得一提的是，計畫小組蒐集第一年度參與學員對課程的回饋，透過二次的備課會議傳達給擔任

本年度授課的講師。此外，並在備課會議中同時分析每個辦理縣市的學校文化特性與生態，俾求授課講師在課前能掌握該縣市概況，進而在課程上進行最適化之調整。

其次，該年度亦開始籌畫「回流課程」，提供第一年度接受師傅校長培訓課程之學員能參與回流課程，分享培訓後進行初、現任校長輔導之成效與問題。回流課程之架構包含「專題課程」、「校務輔導與解決工作坊」、「師傅校長輔導經驗談」，以及「校長輔導工具介紹」等講題。有關回流課程設計，在第八章說明。

參 辦理期

師傅校長培育課程在結束試辦期後，進入正規的辦理期，此期程無論在課程細部內涵、授課講師素質與對課程的認識度、課堂重點時數分配等均有大幅度的進步。同時參與培育的縣市也因為事先在開辦前已從他縣了解培育師傅校長的重要性，亦得到一些能活用師傅校長的途徑，因此對於參與辦理能更積極配合。

此階段的重點，在於研究團隊與授課講師持續在每年度開課前進行備課，課程後再將學員的回饋反應給授課教師，此外也包括開課辦理地點是否合適、各課程開課順序若遇現實情況需要調動時，哪些課程應該優先授課。另在接續培育課程後的回流課程，也持續修訂課程架構（詳如第八章敘述），使培育和回流能整合，成為一個完整的師傅校長「職前培育」和「在職專業支持系統提供」的連結。另外，全校協亦自 2023 年起辦理「國際師傅校長論壇」，邀請國外學者分享校長培育與專業支持系統經驗，也邀集數位國內師傅校長分享所在縣市的師傅校長推動狀況，期能擴大各縣市對師傅校長制度的認可，促進其參考他縣市辦理情形，打造屬於自己的師傅校長運用特色。

第五節 師傅校長培育課程的檢討與改進

　　全校協所辦理的師傅校長培訓課程，歷經研擬、試辦、辦理階段，持續的蒐集相關資料與佐證進行滾動式修正，已大致能順利的推動課程。目前已經培育出全國約 300 位師傅校長。然而，培育課程仍值得檢討與改進，以求後續的培訓能更加完整。茲討論相關檢討與改進如下。

課程的架構與內涵之改進

　　培育課程以校長的專業發展觀與師傅校長指導、輔導初、現任校長所需之素養，配合師傅校長的使命與倫理之核心課程，以及師傅校長學員易於前往接受講座的時間性考量，以「1+3+6=10」，亦即 10 堂課、30 小時之結構進行設計。在課程中，針對師傅校長應具備能力的培育，固然是已具備相關教育、人才培育與領導理論的基礎架構，然宥於辦理時間，亦未能全面涵蓋師傅校長所需之專業素養。因此，課堂數後續尚可再做細部微調，例如加上各辦理縣市特別需要師傅校長養成的素養，可考慮以新增課程或是融入到各課程內容的方式處理。

　　其次，培育課程以學員參與個別課程為主，學習方式則有講授、討論、案例評析等方式，尚缺乏綜合各課程理念對案例進行深度評析，並提出報告的真實性評量或現場實習性等課程。未來，此種讓學員可以經由實作、實習提出案例報告並在課堂發表心得的課程之必要性，仍值得檢討。

　　再者，參與課程之學員皆為擁有豐富經驗之校長，其中不少亦獲有博士學位，並擁有到大學授課之經驗，因此各堂課的授課內容宜充分考慮師傅校長的背景與特性，由授課講師給予基礎理念引導後，展開更富問題解決方式的案例分享與探討，而非占太多時間進行理論講述。

　　在課程總時數上，現有 30 小時課程，是否還應增加，或是考量師傅校長的校務負擔而應減少等，仍有檢討之空間。未來在辦理上，宜可再就專業素養之系統性與涵蓋性、辦理縣市需求、學員需求、學員評量等，對

培訓課程進行精密的調整安排。

授課講師人選與教學方式的檢討與改進

全校協在授課講師的邀請上，皆邀請對於授課科目有專業表現的大學研究者、法律專家、民間教育產業主管等，課程開始前亦需要參與備課會議，說明講授課程的內容與流程安排，並聽取對辦理縣市的特性分析。然而，現階段仍存有值得檢討與改進的空間。

授課講師人選的問題，在於「講師並未充分配合本課程的目標教學」、「講師專長與授課內容的符合度雖可，但未達完全吻合」等問題。後續在改進上，還有以下事項可努力：

1. 檢視講師的上課教材與學員的事後回饋，再對講師負責之課程進行調整。全校協在辦理培訓課程上，亦負有「為課程找到適合的教師」之責任，因此將根據課程內容，透過累積辦理經驗，為每一堂課找到最適合的講師。

2. 後續改進上，擬歸納數年來之授課講義，進一步彙整成為每堂課程的課程計畫，再列出可行之授課方式，以形成全體課程模組，使講師在授課上有明確依據，達到「課程模組化、教學彈性化」，並能兼顧「全國一致性、在地需求性」的標準。

盡速建構師傅校長培育指標

師傅校長培育指標的建構，係能以科學化的方法讓師傅校長培育課程能切合「組織培育師傅校長需求」、「師傅校長專業發展需求」，讓師傅校長培育更為系統化的必要工作。過去由於國內尚無師傅校長培育制度，因此無論是培育課程的建構、試辦與正式辦理，都建立於研究小組歸納的國外案例和對人才培育的想像當中。因此，當辦理告一梯次後，有需要針對培育指標，以科學化的研究方法建構之，並讓其作為改善既有培育課程的依據。

　　師傅校長培育指標的建構，係屬於人才培育制度之一環。相較於為教師與校長擬定的專業標準／素養，並未界定各項專業標準應達成的階段，以及各項專業標準指標之間的順序性，培育指標更注重在「培育」歷程中的時序性（課程的先後順序）與階段性（職涯階段之要求）。透過指標的引導，培育主體（教師及校長）與培育單位亦知曉指標與課程之間的連結性。於是，此套培育指標方可以供培育單位規劃標準化與符合培育主題階段需求的課程。

　　一套完整的培育指標，可以協助解決以下問題：

1. 改進校長專業標準指標缺乏時序性與階段性問題，建構符合師傅校長培育需求的指標。
2. 精進培育課程的架構與內涵，並將師傅校長培育的時程規劃為一個具階段性的立體指標。
3. 透過培育指標之引導，建立師傅校長的人才資料庫，形成師傅校長互相支持、協助的環境。
4. 確立師傅校長培育制度的必要性與系統性。

　　據此，建構師傅校長培育指標，宜盡速進行之。此亦可成為改進師傅校長培育課程的重點項目之一。

第六節　結語

　　全校協開辦的師傅校長培育課程，可視為我國中小學校長專業成長的大事，新創的師傅校長角色、師傅校長使命任務，以及課程能否培育出合格的師傅校長，由於是一項新的挑戰，因此在辦理過程中不免也會遇到質疑。

　　規劃師傅校長培育課程，對研究團隊來說，並不只是一項研究型的作業，也不是一項紙上談兵的草圖。隨著全校協辦理腳步的展開，此套培育課程也獲得多縣市的實測機會，辦理過程中各種規劃初期未盡周全的事

項，隨著每年度的實踐也獲得修正的機會。此機會對於研究團隊來說，恰好可以進一步整合「理論與實務」、「研究與實踐」。對師傅校長來說，則是尋找更適合其養成與角色扮演的輔導機制。對於全校協來說，則是一項協助校長治校的組織專業承諾。換句話說，這是多贏的作法。

臺灣的面積雖不大，但各地方仍有獨特的人文與社會脈絡，而在教育發展上有不同的需求。因此任何一項教育制度、政策的推動，無法劃一強推，必須兼顧全國性的框架與地方彈性的需求才能長遠。由前述可知，師傅校長培育課程，係有考量縣市需求，在講師人選、科目內容上亦允許縣市部分彈性調整或推薦。在課程辦理效能上，亦有透過學員意見回饋問卷，作為檢討課程體系與實施成效之參考依據。

或許，單憑師傅校長培育課程無法解決初、現任校長辦學上的各種問題，然而以師傅校長培育來完善校長職涯專業發展，以及協助初、現任校長成長的使命，對國家與校長職務本身實具有高度價值，也能對學校經營與學生學習帶來甚多的助益，是一項值得投入的人才培育政策。目前，我國的師傅校長培育課程經過多年、全國性的辦理，也已經成為先進國家的參考標的。後續，我們亦可持續透過「國際師傅校長論壇」與各種國際研討會分享經驗，並持續汲取外國建議，來精進培育課程與培育體系。

第八章

師傅校長的回流與
增能架構設計

林逸松

第一節 前言

　　一位中小學校長的職涯專業發展歷程，約略可分為職前（組長、主任）、初任期（第一任）、穩定期（第二任以後）、師傅校長（成熟期）。師傅校長資格確立與培訓包含「師傅校長的養成與專業增能」、「師傅校長陪伴與實施」、「師傅校長傳承與典範」。本章針對師傅校長回流教育目的、意義的價值，以及回流課程規劃與實施方式加以探討，並說明優勢與限制。

　　回流教育的實施，對師傅校長來說，可以強化師傅校長陪伴輔導的專業素養，進而建立師傅校長人才資料庫。已完成培育課程的師傅校長利用回流教育再度齊聚一堂，不但可以相互分享輔導經驗，從而增強即時諮詢、陪伴、傳承功能，回流課程亦可以更新師傅校長應理解之最新時事、政策方向與對熱門議題的認識等，達成終身學習與奉獻的目的暨師傅校長的尊榮感。

第二節　師傅校長回流教育之目的與價值

　　當前社會發展的腳步非常地迅速，許多的問題與教育政策有賴師傅校長的協助，在有系統的培訓課程結束後，願意肩負輔導與陪伴的工作，並作為地方教育政策溝通與實踐的橋梁。師傅校長的角色是職涯發展中最高的階段，對接受輔導、陪伴的初、現任校長來說，有著專業成長、解決學校經營問題、傳遞教育政策、引領教育發展的重要角色（2021 年，教育部潘部長對回流教育的師傅校長的談話）。

　　師傅校長在學校經營及輔導初、現任校長上，擁有豐富寶貴的經驗。目前，推動師傅校長培育的全校協，在引進培育課程後，亦自 2019 年起規劃師傅校長的回流課程，讓已完成培育課程的師傅校長，就校務經營的案例與議題進行探討，同時也強化在地的教育特色與需求。回流教育的成效，概有：(1) 進一步提升師傅校長的專業；(2) 強調師傅對徒第的教育理念和價值觀的傳承；(3) 分享在各縣市實務陪伴、輔導的經驗；(4) 確立師傅校長的使命與任務；與 (5) 建構師傅校長領導技巧與策略等主要成效，其目的在於協助搭建師傅校長的專業鷹架，提供持續性的專業支持，最後增進師傅校長的尊榮感。

第三節　師傅校長回流教育規劃設計

壹　師傅校長回流教育之對象

　　全校協從 2018 年開始辦理「師傅校長培訓」計畫至今，目前計有臺東縣、新北市、新竹縣、宜蘭縣、彰化縣、臺南市、屏東縣、花蓮縣、南投縣、桃園市、嘉義市、雲林縣、臺中市、高雄市等縣市完成師傅校長培育，在 2023 年陸續加入嘉義縣、苗栗縣、基隆市、新竹市與澎湖縣等縣市完成師傅校長培訓。全校協在辦理完培育課程後，會在下一年度針對去

年度完成培訓的各縣市師傅校長們，辦理回流教育。

 師傅校長回流教育課程規劃設計

　　師傅校長回流教育課程是以持續改善的概念，結合各縣市需求問題導向，透過案例分析、討論，採行論壇、專題式學習進行，安排二天課程規劃設計。全校協團隊研究建議採行三階段課程進行培育，其中屬於回流教育者，包含第二、第三階段（張信務等人，2022）。課程內涵如表8-1「校長培育內涵」所示，第一階段為師傅校長培育通識課程（在培育階段實施），第二、三階段為回流課程，且每一階段皆包含三個向度（如表8-2、表8-3），以下說明之。

一、第一向度：師傅校長的使命、任務與專業倫理

　　承繼師傅校長培訓課程而來的第一向度，同為師傅校長的「使命、任務與專業倫理」。第二階段回流課程已不僅是建立師傅校長的角色圖像，而是要能經由實踐智慧，思辨師傅校長的角色圖像，並展現出轉化教育政策的能力。如此才能帶領初、現任校長，實行共好之良善。第三階段，是以豐富師傅校長專業倫理之內涵，發揮教育影響力，形塑典範師傅校長的標竿與尊榮感。

二、第二向度：師傅校長的專業素養

　　第二向度為「專業素養」。師傅校長在接受培訓獲得證照後，期待能配合縣市政府或地方校長協會積極投入陪伴、輔導初、現任校長實務工作經驗。在第二階段的回流課程，師傅校長帶著實務輔導經驗，透過案例研討、分享，除洞悉組識管理之優劣勢外，亦能迅速提出行動策略，因應學校治理困境與危機。更期望發展師傅校長專業社群，強化成長動能，進而建立全國師傅校長人才資料庫，提供全國校長參考。第三階段課程內涵旨在建構師傅校長貢獻平台，為教育提出專業建言，引領教育政策發展，並與行政機關協作，擴大教育影響力，以彰顯校長職涯階梯與成就、幸福感。

表 8-1

各階段師傅校長培育內涵

向度	培育內涵		
	第一階段： 師傅校長養成與增能	第二階段： 師傅校長陪伴與實施	第三階段： 師傅校長傳承與典範
使命與倫理	掌握教育政策與趨勢，確立師傅校長使命、任務與專業倫理，並內省自身人格特質與教育哲學觀，建立師傅校長應扮演的角色與圖像。	透過整合領導轉化教育政策，並符應教育趨勢，實踐師傅校長使命、任務與專業倫理。建構師傅校長自身角色與圖像，並分享自身教育哲學觀。	展現教育政策影響力，傳承真誠、利他精神與使命感，豐富師傅校長專業倫理內涵，藉以形塑師傅校長典範圖像、尊榮感及優質文化。
專業素養	將教育政策融入學校願景，轉化為具體學校目標。熟稔教育法規趨勢與變革，釐清學校優劣勢、社區需求與期待，豐富教育資源，掌握學校困境與危機，探討解決策略，建構組織運作模式。善用學習領導，激勵教師工作熱忱，發揮團隊潛能，形塑優良組織文化，提升學校經營績效。	洞悉組織管理之優劣勢，運用行動策略與案例，迅速因應學校困境與危機，提出適切因應策略。並萃取建構團隊文化的關鍵因素，統整社區各項資源，以發揮最大效益。透過交流師傅校長輔導經驗，建立專業學習社群，分享卓越學校治理經驗，強化師傅校長成長動能。	主動提出專業建言，引領教育政策發展；因應學校教育的系統性危機，與教育行政機關協作解決。擴大典範學校教育影響力，符應校長職涯專業發展，彰顯校長幸福感。
輔導知能	了解自身人格特質，透過傾聽、討論達到溝通與激勵目的，建構夥伴信任關係，營造良善的人際互動，並能切中問題核心，建立優質的輔導歷程檔案。	善用認知對話，從輔導歷程檔案中，提取自身適切輔導策略，研析最佳問題解決方式。並經由分析學校問題案例，內省自身的診斷力、溝通力、執行力。	綜整教育與社會環境各項問題，提出最佳運作策略，與建構師傅校長輔導模式，傳承師傅校長典範精神。

表 8-2

第二階段：回流教育 —— 師傅校長陪伴與實施指標系統

向度	層面	指標	課程建議時數
使命與倫理	角色與教育趨勢	B-1-1-1 實踐師傅校長的使命與任務。 B-1-1-2 思辨師傅校長專業倫理。 B-1-1-3 建構師傅校長自身角色與圖像。 B-1-1-4 分享自身教育哲學觀。 B-1-1-5 透過整合性的領導，符應教育趨勢。	1 小時
專業素養	政策與教育願景	B-2-1-1 善用影響力兼顧政策與學校願景。 B-2-1-2 將學校願景具象化，符應教育政策。 B-2-1-3 評析學校具體指標，發展學校特色。	2 小時
	團隊運作與協力	B-2-2-1 萃取建構團隊文化的關鍵因素，建立專業學習社群。 B-2-2-2 分析組織管理之優勢，優化團隊運作機制。 B-2-2-3 針對學校困境與危機，採取策略適時因應。 B-2-2-4 應用正向的同僚性關係，發展協力組織。	2 小時
	組織與資源整合	B-2-3-1 統整社區各項資源，發揮最大效益。 B-2-3-2 交流師傅校長輔導經驗，強化師傅校長成長動能。 B-2-3-3 活絡與公部門、非政府組織、企業等之跨域連結。 B-2-3-4 發揮組織影響力資本，創新學校經營思維。	2 小時
輔導知能	診斷與對話省思	B-3-1-1 從歷程檔案中反思自身的輔導策略。 B-3-1-2 從師徒對話歷程，回饋調整行動方案。 B-3-1-3 能從學校問題診斷中，內省學校經營模式。 B-3-1-4 善用認知對話，研析最佳問題解決方式。 B-3-1-5 能與利害關係人建立最適互動模式。	5 小時

表 8-3

第三階段：回流教育 —— 師傅校長傳承與典範指標系統

向度	層面	指標	課程建議時數
使命與倫理	責任與尊榮	C-1-1-1 傳承師傅校長使命感。 C-1-1-2 評價師傅校長專業倫理內涵。 C-1-1-3 展現對教育政策之影響力，發揚良善教育文化。 C-1-1-4 形塑典範圖像，確立師傅校長尊榮感。	2 小時
專業素養	教育影響力	C-2-1-1 形成師傅校長間的專業貢獻社群。 C-2-1-2 提出專業建言，引領教育政策發展。 C-2-1-3 擴大典範學校連漪效應。	8 小時
	團隊永續力	C-2-2-1 符應教師生涯發展，持續提升團隊幸福感。 C-2-2-2 建立校長職涯階梯發展，彰顯校長成就感。 C-2-2-3 成就團隊永續經營，全面昇華教育品質。	
	資源整合力	C-2-3-1 以跨教育階段之系統性思維，掌握資源之有效運用。 C-2-3-2 因應學校教育的系統性危機，與教育行政機關協作解決。 C-2-3-3 傳承成功跨域整合經驗，揭示學校教育創新發展方向。	
輔導知能	圓融與內斂	C-3-1-1 綜整教育與社會環境各問題，闡釋最佳運作模式。 C-3-1-2 聚斂實踐智慧，傳承師傅校長心智。 C-3-1-3 建構師傅校長輔導模式，彰顯師傅校長成就與圓滿。	2 小時

三、第三向度：師傅校長的輔導知能

　　第三向度為「輔導知能」。師傅校長經過第一階段的培訓後，已有若干輔導初、現任校長的經驗。本著此經驗參與回流課程的師傅校長，進入第二階段的回流後，學習應著重師傅校長陪伴與實施過程中，善用認知對話，從輔導歷程中，內省自身的診斷力、溝通力、執行力，研析最佳輔導

策略與方式。第三階段回流課程，是以師傅校長的圓融與內斂，綜整各項問題，提出最佳運作策略與建構師傅校長輔導模式，傳承典範精神。

第四節 師傅校長回流教育實施方式

　　師傅校長回流教育之辦理，因各縣市的教育文化不同，因此必須先考量各縣市師傅校長針對在地之教育特色與文化之特性進行輔導任務之需求。其次，師傅校長們平常公務繁忙，交通往返，與參與回流教育的日數（時數），也會影響師傅校長參與回流課程的意願與否。因此，針對回流教育的實施方式設計，必須要尊重並考量各縣市獨自的需求，回流教育的辦理才能順利。

　　以全校協近年來實施的回流教育為例，目前全校協針對師傅校長的回流教育已辦理 3 年。每年度在實施上，全校協有考量該年度參與縣市的師傅校長的期待與需求，因此在實施方式上，曾經嘗試過以集中、分散（各縣市獨自辦理）與群組（亦即跨縣市共同舉辦）的方式辦理。集中、分散與群組三種方式各有優缺點，茲分述如下。

 壹 集中式

　　「集中」顧名思義，即各縣市將所有的師傅校長集中一地方，辦理回流教育課程，以下分述集中式辦理的優點、限制與特色。

一、集中式辦理之優點

1. 對於全國性共同議題、教育政策與教育革新方向的傳達較有效率。
2. 共通性教育案例與輔導較易聚焦、建立專業知能、形成解決策略。

二、集中式辦理之限制

1. 較無法針對各縣市教育當前需求與特色進行深入研議與探討。

2. 將面臨過度標準化影響學習興趣，師傅校長個人化議題亦可能受限。

3. 辦理時，必須考量包含交通費用與時間成本的安排。

三、集中式辦理的特色

　　以全校協 2020 年於國教院集中辦理師傅校長的 2 天回流教育爲例（表 8-4）。該年參與的三縣市師傅校長，採異質性分組方式進行，課程強調教育領導與倫理守則，以議題、案例分組方式進行回流課程。各組透過 4F 策略方法〔Facts（事實）、Feeling（感受）、Finding（發現）、Future（未來）〕，導入主題、選擇案例、分析案例，自我省思並提出解決策略。因此，參與的師傅校長可熟稔與初、現任校長對話流程，形成解決策略與應有的倫理守則，最後提升擔任師傅校長工作的專業能力。

貳　分散式

　　分散式係針對各縣市政策需求、特色與文化，辦理師傅校長的回流教育課程，以下分述分散式辦理的優點、限制與特色。

一、分散式辦理之優點

1. 依各縣在地特色與需求，符應各縣市的師傅校長回流教育精神與尊榮感。

2. 在各縣市舉辦地點、時間有其便利性，較能符應參加者個人需求。

3. 有共同主題可以深度討論並交換經驗。

二、分散式辦理之限制

1. 較無法了解其他縣市特色辦理、經驗交流。

2. 較無法抽離校務經營，專心參與回流課程。

3. 對特定主題的共同認識度高，牽涉個案問題在相互討論時較有顧慮。

表 8-4

2020 年的新北市、新竹縣、臺東縣師傅校長回流教育計畫

日期及時間	2020 年 11 月 8 日（日）	2020 年 11 月 9 日（一）	2020 年 11 月 10 日（二）
09:00-12:00		專題課程：課啟校長領導與實作 講師：林明地教授	校務解決輔導策略工作坊（四） 講師：國教院林信志研究員 各組綜整報告議題解決輔導策略
12:00-14:00	13:00-13:00 報到（未供餐） 13:20-14:00 始業式課程說明	國家教育研究院用午餐	國家教育研究院用午餐
14:00-17:00	校務解決輔導策略工作坊（一） 講師：國教院蔡進雄研究員 1. 先進各國師傅校長制度及輔導機制運作 2. 各縣市報告縣市師傅校長輔導運作機制及困境	專題課程：當變革的 CEO，遇上資深校長 講師：國教院洪啟昌主任	賦歸
17:00-18:30	國家教育研究院用晚餐	國家教育研究院用晚餐	
18:30-20:00	校務解決輔導策略工作坊（二）	校務解決輔導策略工作坊（三）	
20:00	國家教育研究院宿舍休息		

三、分散式辦理的特色

　　以屏東縣舉辦的回流教育為例，在教育處長的建議下，回流教育特別選擇具文藝特色的「勝利星村」舉辦。課程內容由縣市提出需求設計（如表 8-5），聚焦「地方教育特色」與「初任校長困境」議題充分討論，讓每位校長倍感尊榮。每位師傅校長分享自己的學校特色，這個部分的分享，師傅們都卯足全力分享各學校最好的一面。但兩天之課程出席率不一，或因地利之便，校務繁忙而無法抽離，實屬可惜！

表 8-5

2022 年屏東縣師傅校長回流教育課程表

日期及時間	2022 年 3 月 18 日（五）	2022 年 3 月 22 日（二）
09:00-10:00	師傅校長的使命、任務與專業倫理	學校治理案例探究加速篇：
10:00-12:00	屏東縣教育現狀及未來	初任校長的困境與機會
12:00-13:00	中午用餐：休息	中午用餐：休息
13:00-16:00	學校治理案例探究孵育篇：問題導向（PBL）的探究模式	屏東縣教育特色課程現況整理分析屏東縣特色課程，討論未來如何就校長核心素養，發展符應屏東縣以學生為本的前衛課程

參 群組式（跨縣市聯盟方式）

　　跨縣市師傅校長回流教育係以數個縣市共同參與方式辦理，參加的縣市可以透過區域聯盟的方式，或是以相同議題為區塊辦理。茲分述群組式辦理的優點與限制如下：

一、群組式辦理之優點

1.跨縣市的優點在於可以聚焦在共同興趣，或是在推動教育政策上有類似需求的縣市。

2. 數個縣市的師傅校長透過回流教育，彼此對其專長、學校經營經驗等熟識以後，未來在危機處理、專項輔導初任校長上便可即時相互支援。

3. 跨縣市另一個優點，在於可以建立共享式的人才資料庫。各縣市彼此交換師傅校長輔導經驗，可收廣泛性學習成效。

二、群組式辦理之限制

1. 辦理時間、地點、交通可能無法滿足校長期待。

2. 部分縣市的獨特議題，難以在群組式的互動討論。

　　以 2022 年在「三峽大板根渡假中心」舉辦三縣市的跨聯盟（群組式）師傅校長回流教育爲例，此次回流教育活動辦理的地點爲溫泉森林休閒渡假村，師傅校長們在放鬆享受森林浴洗滌的同時，更專注於課程活動內容（如表 8-6 與表 8-7）。

三、群組式辦理的特色

　　此次回流教育也特別邀請三縣市局（處）長共同參與，分享不同縣市政策、教育經驗。教育局（處）長們放下繁重的業務特別參與課程，對師傅校長們亦是一種極大的肯定與鼓舞。更令人感動的是，部分局（處）長晚上還留下來繼續與師傅校長們深度對話，加深師傅校長對地方教育政策的認同。此次的回流教育課程進行方式有三：

1. 運用引導學模式，集體智慧產出：本次的回流教育中，師傅校長的分組方式打破各教育階段的框架，以混合編組進行，並安排 2 天的回流課程。

2. 採論壇討論爲主、理論爲輔，回流課程分成三面向。第一面向：師傅校長回流通識課程——以學校治理案例探究、問題導向（problem-based learning）的探究模式，提供師傅校長們溫故知新，迅速掌握問題的核心，分析利害關係，進而提出適切的解決策略。第二面向：跨縣市特色課程——師傅校長輔導論壇（1 堂課、2 小時）。第三面向：案例研討工作坊（2 堂課、6 小時）。

表 8-6

2022 年跨縣市師傅校長回流教育課程（07.18-07.19）

	時間	課程內容	說明
111 年 7 月 18 日	10:00-12:00	爬山，享受芬多精（自由參加）	服務團隊在酒店一樓歡迎您
	12:00-13:00	報到用餐	酒店 2 樓麗景廳
	13:00-15:30	學校治理案例探究孵育篇：問題導向（PBL）的探究模式	講師：李惠銘校長
	15:30-16:00	休息	
	16:00-16:10	協作與傳承：師傅校長輔導論壇開幕式	張信務理事長
	16:15-16:50	分組討論	分三大議題
	16:55-17:40	各組議題總結報告	每組報告 5 分鐘
	17:40-18:10	評論	國立屏東大學劉鎮寧教授
	18:10-18:30	綜合座談與論壇閉幕	張信務理事長
	18:30-20:30	晚宴	酒店 B1 中餐廳
	時間	**課程內容**	**說明**
111 年 7 月 19 日	-9:00	早餐，退房	太子西餐廳 1 樓
	09:00-12:00	學校治理案例探究加速篇：初任校長的困境與機會	李柏佳校長 榮明杰校長 莫恒中校長
	12:00-	午餐、回溫暖的家	樂源仙境

3. 本次的師傅校長回流教育課程也邀請初任校長參與：本次的回流教育課程也首次邀請初任一年的校長以及即將在 8 月上任的初任校長，加入討論與在旁觀摩學習。從初任校長面臨的問題提出，透過師傅校長面對面的討論、陪伴指導，從而獲得協助與支持；另一方面，師傅校長進而也更清楚了解該如何協助初任校長，自身應具備哪些輔導專業知能與不足之處。

表 8-7

回流教育課程中的「協作與傳承：師傅校長輔導論壇」議題

時間	細流程	講師／主持人／議題
	16:00-16:10	開幕式主持人：張信務理事長
	16:20-16:50 分組討論	第一組議題：初任校長協作與傳承 主持人：新北市－池旭臺理事長 與談人：新北市初任第一年校長為主，分國小及國高中兩組，8/1 即將上任校長觀摩 子題 1：初任校長遇到什麼問題，我從師傅校長身上獲得什麼協助，解決了哪些問題？ 子題 2：初任校長應具備什麼樣的專業能力？
16:00 | 18:30		第二組議題：師傅校長協作與傳承 主持人：新竹縣－林健明理事長 與談人：三縣市師傅校長 子題 1：師傅校長曾幫助初任校長解決哪些問題？輔導過程中曾遇到什麼困境？ 子題 2：師傅校長應具備什麼樣的輔導能力？
		第三組議題：師傅校長如何協助與執行地方教育政策？ 主持人：張榮輝理事長 與談人：三縣市師傅校長 子題 1：教育力與政治力如何互動？ 子題 2：師傅校長在地方教育可以扮演的角色？如何讓師傅校長發揮此項角色功能？
	16:55-17:40	各組議題總結報告（每組報告 5 分鐘）
	17:40-18:10	專家評論：國立屏東大學教育行政研究所劉鎮寧教授
	18:10-18:30	綜合座談及論壇閉幕

　　綜觀師傅校長的回流教育，希冀建立師傅校長專業支持系統，完備校務實務問題解決策略，在校務經營上，能更平穩地迎接學校經營創新願景；並建構優質的師傅校長培訓回流制度，提升師傅校長使命感與專業知能；以及為師傅校長專業證照制度的啟動提供完整的實證培育流程支持。

第五節 結語

　　師傅校長的回流教育，除輔導專業知能的再提升外，更強化了其專業地位與使命尊榮感。透過回流教育的問題探究、討論發表，再次審視師傅校長實務經驗傳承機制，與確認輔導專業倫理。回流教育，讓師傅校長們持續學習和更新、反思以提高指導效能，並進而促成學習社群建立，擴大教育的優秀傳承與持續創新發展。參與師傅校長回流教育的初任校長，亦可通過反思、專業發展和與有經驗的師傅校長的合作，得以優化他們在校的領導技能，確保學校有效運作。

　　辦理回流教育的最後的目的，則在開創師傅校長品牌榮耀，爲我國校長的專業發展與辦學環境提供充足的支持。期盼未來能建立全國師傅校長人力資料庫，媒合各縣市或跨縣市師傅校長與初、現任校長間的諮詢、陪伴、輔導與傳承，發揮師傅校長扮演激勵者、倡議者、引導者的功能，讓其爲教育事業做出寶貴的貢獻，自我實現尊榮感！

第九章

師傅校長證照制度設計初探

游子賢、林雍智

前言

　　進入高度分工的社會，各領域都要發揮其專業性以證明從事該領域之資格，建立外界之信賴。這些專業人員，除在知識上必須經長期培育、養成豐富之素養外，也應蓄積足夠的實務經驗。專業人員建立證照制度（licensure/certification），是證明其具有專業的方式。我國許多專業領域也都有規劃相關證照制度，例如醫師、心理師、藥劑師、建築師等皆有專業證照，且亦須參與繼續教育，定期持續更新所需之知能（吳清山等人，2021）。教育領域上，教師亦領有教育部製發之證照，且為取得證照須參與體系化的職前培育，並通過全國性檢定方可獲證。從社會藩籬論觀點來看，證照乃為取得社會信任的一項有效工具（黃嘉莉，2016）。

　　與教師同為學校教育人員的中小學校長，其現行任用制度並非採取證照制，而是資格制，並與校長遴選等機制搭配構成制度架構。就國外案例來看，美國校長領有專業證照，是採證照制。日本在二戰後曾辦理校長證照制度，然而當時由於任用上缺乏彈性，故再度改為資格制（篠原清昭，2017）。另一方面，南韓的校長雖也採資格制，但通過甄試後亦

由教育部授予「資格證」，是屬於證照和資格制度的折衷作法（森貞美，2019）。目前對於教育人員專業要求提高，教育人員專業地位提升，因此，我國校長應採證照制或資格制，仍有研議空間。

師傅校長（mentor principal）是候用、初任、現任校長之輔導者，一定程度的擔負了校長培育歷程中的導師角色，也對現任校長提供了「專業支持」，協助解決學校經營問題（林雍智、游子賢，2022；黃居正等人，2021；Kingham, 2009）。因此，師傅校長必須具有比一般校長更高之能力，才能得到初、現任校長的信服。

國內自 2018 年起推動師傅校長培訓工作，然而，受限於培訓體系的草創，現階段並未引進師傅校長的證照制度。後續是否規劃更為正式且系統性的證照制度或是採行資格制度，尚待進一步討論。

如果要將「師傅校長」角色設計為高度專業的輔導者，且其角色任務能得到被輔導者的信賴，那麼就有設計證照制度，建立授證、取證、換證、證照效期等規範，以確保證照的持續有效性之必要。是故，本章主旨即聚焦於建立師傅校長證照制度之構思。本章將以國內師傅校長的養成現況為背景，思考建立師傅校長證照制度時宜具備的內涵以及後續要如何推動，提供關心本議題的讀者一個師傅校長證照制度的雛形。

第二節 師傅校長的養成、使命任務與證照制度之關係

世界主要國家有進行中小學師傅校長培育者，僅有美、英、日與我國。其中又以我國與美國「全美小學校長協會」（以下簡稱 NAESP）的培育較具完整規模（張信務等人，2021a；NAESP, 2019）。以下茲說明我國與美國師傅校長培育與證照制度之特徵。

我國師傅校長的養成、使命任務與證照制度

目前我國中小學師傅校長的培育，主要由中華民國中小學校長協會（以下簡稱全校協）與臺北市立大學兩個單位辦理，師傅校長培訓名單則由縣市政府推薦提供。師傅校長之意涵可界定爲一位具有專業素養和熱忱，並願意分享、提攜後進的輔導、陪伴者。經全校協於 2021 年時進行調查，師傅校長的任務以支持新進或夥伴校長、輔導校長解決實務困境等任務爲主（張信務等人，2021b）。

全校協的師傅校長培訓，係受教育部之委託辦理，至 2024 年上半年爲止，除離島的金門縣和連江縣外，已培訓全國 19 個縣市的中小學師傅校長。臺北市立大學的師傅校長培訓，則受臺北市政府教育局（2018）委託辦理該市的培訓工作，至 2023 年爲止已培訓 3 梯次學員。

全校協在發展師傅校長培訓課程上，係自建構師傅校長專業素養指標、形成課程名稱與內涵起，進行一系列研究。在歷年於各縣市的開課中，尚依據不同縣市對師傅校長角色的運用需求調整課程內容，並對已結訓之師傅校長進行調查，改進培訓體系之完整度。全校協在 2021 年對「師傅校長培育體系」之研究中，亦對課程模組、講師人選、師傅校長證照的效期與核發單位等部分進行過前導性的調查（張信務等人，2021a）。該研究認爲師傅校長證照制度設計可被視爲是師傅校長培育過程中重要的一環，對於日後建構師傅校長專業地位發揮極爲有力的助益。若進一步探討現行國內全國性的師傅校長培訓，全校協採行的作法是於培訓課程結束後，頒發「師傅校長培訓課程結訓證書」，並依師傅校長學員課程出席率達 70% 以上作爲標準，決定證書上是否授予證書字號，以作爲辨識。

 美國師傅校長的養成、使命任務與證照制度

美國校長的證照是由各州政府頒發，以科羅拉多州爲例，校長的證書可以分爲三階段，第一階段爲校長初級執照，第二階段是校長專業執

照，最終階段則是師傅校長（master principal）。第三階段之證照涵義相當於我國所指之師傅校長職涯階段，在此階段所表示資深校長之專業已達專精的程度，亦為我國師傅校長所需具備之先決條件（林文律，2000）。

另一方面，NAESP 與諾瓦東南大學（Nova Southeastern University）合作的「全國師傅校長培訓與認證計畫」（National Principal Mentor Training and Certification Program）中，完成該計畫要求的學員，亦可取得師傅校長證書（NAESP, 2019）。美國 NAESP 的師傅校長證書的頒發需經過兩個階段。首先師傅校長應參與 NAESP 辦理的系統性培訓課程，並在結訓之後，回到學校現場服務，並與初、現任校長進行配對，且填具師徒形式的輔導紀錄，後回到 NAESP 的回流課程，進行綜合探討與省思後，才算完成整個師傅校長的培育，取得師傅校長證照（Riley, 2020）。

綜上所述，師傅校長證照制度及培育制度兩者可以說是互相呼應的機制，透過完善的培育體系所培育出來的師傅校長，才能符合師傅校長證照所代表之專業能力。在了解師傅校長培育與證照制度之關係後，接下來對於師傅校長證照制度就需要進一步的研究與規劃。一張專業證照的製發需有嚴謹與系統性的規劃，每個環節都應妥善設計，方能建構合標準的「證照主義」，並收穫該專業證照帶來的效益。

第三節　師傅校長證照制度設計應具備的內涵

參照國內外各專業證照的制度內涵，以及我國教師證書的證照機制和問題，一套完善的師傅校長證照制度在設計上可含括以下幾項核心機制。

壹　包含養成與回流的完整培訓體系

完整的師傅校長培訓體系是設計師傅校長證照制度時的首要考量，唯有完整的培訓體系，才能透過養成／培訓課程與活動的洗禮，使師傅校長

接受到完整的知識及學習內容，亦可讓師傅校長跳脫本身僅擔任「數所」學校校長的經驗限制，以更寬廣的視野對於學校、地方層級乃至於全國性的教育發展需求，提供被輔導者適宜的建議。

然而，有鑒於資訊時代中知識的半衰期越來越短，新知識的出現亦相當快速，如果師傅校長在培訓後並不再接受新知，則有可能在輔導陪伴初、現任校長時出現無法協助其解決問題的情形。例如教育法規不斷修訂（如近年出現的「校事會議」就是學校的新機制）與全球性教育革新觀念的出現等，若師傅校長以舊經驗輔導，遑論提供新的視野給初、現任校長。在這一點上，「回流教育」可以作為定期更新的機制，其不論在證照的有效性維持上，或是在師傅校長本身知識經驗的重組上都可發揮重要的效果。也就是說，一個包含「培訓」與「回流」的完整培訓體系，是設計證照制度的必要前提條件。

貳　公正發證單位

師傅校長的證照發放單位亦為證照制度中值得討論的一環，適切且公正的發證單位，能增加師傅校長證照的可信度。在適切性上，證照發放的單位應由與師傅校長培訓有關之政府或民間單位負責。首先，培訓師傅校長之經費大多由政府部門支應，故由我國中央或地方的主管機關作為發證單位具有其合理性。而若是由培訓課程辦理之單位發證，亦十分具邏輯性，其理由是培訓師傅校長的第一線執行單位，對於培訓課程有著最密切的掌握。在完成師傅校長培訓課程後，由辦理單位直接頒發師傅校長證照，不僅能作為完成培訓的象徵，同時也能直接證明為學員參與師傅校長培訓課程之實際情形。

在公信力上，前述所提到的政府單位，在法理上均有其法職權，故其發放的證照在我國的公信力可說是無庸置疑的。而培訓單位若能有效管控培訓課程品質，掌握師傅校長培訓時的學習成效，則透過專業來展現證照的公信力，也會是相當理想的發證單位。不過，無論發證單位為中央政府

機關或培訓單位，其證照必須得到縣市內的承認或追認（例如各縣市認可由教育部或培訓單位製發者），方能取得「有效性」之保證，發證單位也應公開培訓課程之標準與授證條件，建立證照之「標準」參照性。

參　明確之效期及更新規定

　　證照自製發後即被視為產生效力的開始。然而，效力是否為終生通用？或是多久時間需換照更新方可持續，或是多久後這張證照的效力就消滅？這些問題都是設計證照制度時需考量的。而效期及更新等規定，也應視證照的特性去決定。專業證照效期的長度，一般來說，可以將其依時間長短，區分為短、中、長期與永久四種效期。除永久效期外，對於其餘三種效期，也應詳細規劃換證或更新之辦法。至於前三種，短、中、長效期的年數應如何設定較為適當，也是需討論的部分。

　　證照的效期與更新設定，可以確保師傅校長透過更新精進輔導素養，亦可讓其自我檢視意願和能力狀態是否可以進行次一期程的服務，對師傅校長證照制度來說亦是重要的一項環節。

肆　證照製發後宜規劃有效之運用途徑

　　證照制度之設計，除彰顯師傅校長之專業素養及被肯定感外，要如何有效運用具證照之師傅校長也值得討論。證照之發放，不僅能為個人證明其專業，如可妥善運用系統性的證照制度，建置於人才庫之概念，在需要時即可由具證照之人才資料庫進行搜尋並用於縣市學校教育中。師傅校長在完成培訓後，運用途徑主要除可用於輔導、陪伴初、現任校長外，對照目前各縣市實際作法與全校協各種專業支持方案（張信務等人，2021b），師傅校長尚可擔任如「初任校長研習之講座」、「學校經營講座」、「地方教育政策推動者」、「校長師徒制輔導方案」、「校長輔導三級制」之指導者、「師傅校長回流教育」之講座、「師傅校長論壇」之分享者等（張信務等人，2021a；黃居正等人，2021；薛春光，2020）。

由此來看，師傅校長證照制度成功與否，除發證環節本身之外，尚需在制度中對於證照的運用途徑有明確的導引，如此製發的證照才能更具備實務上的價值。

第四節 如何推動師傅校長證照制度

　　統整上述師傅校長證照制度應具備之內涵，要推動師傅校長證照制度，需注意以下四個進程。第一為完善師傅校長培訓體系，並不斷滾動式修正課程以確保課程品質及學員的學習成效，如此證照才能彰顯師傅校長的專業；第二是發證單位在發證上需依培訓實際辦理情形，由適當且具有公信力的單位製發，方能使師傅校長證照效力得到社會之認同；第三為效期與更新辦法，師傅校長證照的效期設定不宜過長或過短，證照也須有更新／換證機制，並應詳擬更新之方式；第四，取得證照之師傅校長應符應地方縣市需求，妥善運用。以下茲針對如何推動落實師傅校長證照制度，提出若干建議。

壹 建構培育體系，隨時修正課程模組

　　師傅校長證照背後所代表之涵義為校長已受完整的培育，在專業上已符合師傅校長所需具備之知識、能力。為確保師傅校長能達到此情形，建構系統性的師傅校長培育體系就十分重要。

　　系統性的培育體系，應能全面且完整的將師傅校長所需之知識、素養傳遞給師傅校長學員。而師傅校長培育體系將不僅包含培育課程，舉凡師傅校長的使命任務、專業倫理、回流教育等也都應詳細建構於體系內。師傅校長培育體系包含課程模組，需經實務上不斷執行、運作後，也應依行動後研究，隨時修正，藉以符合師傅校長之需求。

由政府機關或具公信力之專業組織發放

在證照制度的推動中，發放證照的單位十分重要，適合發放證照的政府或民間組織有下述三個單位：

一、教育部

教育部為中央教育主管機關，具有最高之公信力，且關於師傅校長培育也都係處於指導單位之層級，因此由教育部發證，證照不僅能獲得全國性的公信力，同時也具有中央政府法職權的意義於該證照中。例如教師證書即在《師資培育法》公布後改由教育部統一製發，證照也獲得全國範圍之適用。不過，要由教育部製發，師傅校長證照標準與取得規範也是最有系統、最為嚴格的，由國家所提出的標準框架，必須考量後續培訓提供方是否有能力（如師資、課程）辦妥這樣工作，同時能否因地制宜，地方政府是否有意願運用持證者也需一併考量。

二、地方政府

我國中小學校長之人事管理，依均權原理，權責屬於地方政府所有。依此，中小學校長之遴選、任用、考核等，亦是由地方的教育行政機關作為主管單位。現階段各縣市師傅校長之培訓名單，大多都是由地方教育局（處）首長推薦產生，從而產生一批參與培訓之師傅校長學員。因此，若由地方政府製發師傅校長證照也相當合理，理由是此證照可以在制度設計上充分反應地方教育發展需求，透過課程、回流教育與在推動地方教育政策上，設定符合在地需求的條件。

三、師傅校長培訓課程辦理單位

師傅校長證照，除了上述兩層級機關外，以師傅校長培訓課程的辦理單位直接作為證照的發放單位也具有十足的說服力，且美國亦有相似的作法（NAESP, 2019）。由此來看，現階段辦理師傅校長培訓的中華民國中

小學校長協會及臺北市立大學皆可以作為發證單位。然而，在證照效力上，若要維持適用性，則必須先取得各地方政府之承認。另在考量未來各地方政府對在地化師傅校長人才之需求，除自行辦理培育課程外，尚可委託各師資培育大學、研習機關等代訓，此時可由教育部提示師傅校長培育「基準」，讓培育單位依此辦理課程。如此，培育單位所製發的證照將會滿足最低的共通標準，以確保證照的價值。

 結合校長任期，設定明確效期及更新之條件

　　一套完善的證照制度，在制度設計之初即要設定其證照之標準與效期，因此師傅校長證照的效期設定，可參考現行教育法規對於中小學校長任期的規範進行證照效期的制定，亦可參考其證照特性去制定效期。普遍來說，效期一般可以分為短效期（3-4 年）、中效期（5-6 年）、長效期（7-8 年）等模式。張信務等人（2021a）研究調查師傅校長及專家學者對於師傅校長證照效期的看法，結果顯示以中效期為最佳。可知，師傅校長的證照既不宜太短時間進行換證，以致造成師傅校長與教育行政機關的困擾，也不可將效期設定過長或不設效期，如此就難以保證師傅校長的專業與認知是否仍符合變化快速的教育環境。

　　至於師傅校長證照到期後需如何更新，可採三種方式。第一種是登記後直接延長證照效期，此種方法為最簡單之方式。師傅校長培育體系中的回流教育若完善，則師傅校長在完整參與回流課程的前提下，基本素養就會充足，因此依登記之師傅校長參與回流教育之情形，直接延長效期即可。第二種是可依效期內師傅校長實際輔導情形判斷是否延長效期，或需再參與研習增能方可換證。第三種是證照效期屆滿者若要延長效期，則需統一參與研習增能。

肆 要建立輔導機制及政策推展空間，並從中獲得被肯定感

　　師傅校長在取得證照後，除了各縣市依所轄中小學的實際需求去運用外，教育局（處）也應透過政策規劃，讓師傅校長能有更多發揮的地方。舉凡擔任「學校經營講座」、「帶領候用校長」、「分享校務經營經驗」，這些都能讓師傅校長找到貢獻自己的機會，並能在這些任務的實踐中獲得身為師傅校長的被肯定感和「有能感」（a sense of capability）。同時，地方教育政策的推展方向也會與師傅校長培訓的內涵需求連動，如師傅校長在某一縣市多被用於輔導初、現任校長解決校園事件發生時，則在培育時多加入有關危機處理或媒體應對的課程，就能使培育課程更為對應到該縣市之需求。

　　統整以上對於推動師傅校長證照之芻議，本章將其歸納為一個能涵蓋各面向的系統圖，如圖 9-1 所示。該圖不僅是一個流程圖，從背景上亦可回應師傅校長的自我需求與培育圖像。

圖 9-1

師傅校長證照制度推動系統

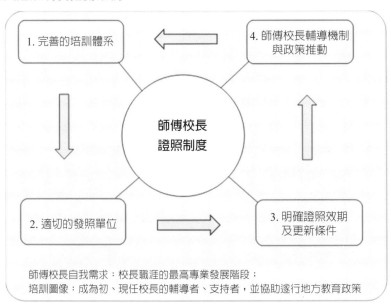

第五節　結語

　　師傅校長制度在我國已運作一段時間，爲我國校長專業發展帶來相當大的助益，也讓初、現任校長在學校經營中更加穩健。若要讓師傅校長制度持續運作，則師傅校長證照制度是一個值得探究的部分，特別是當國內各縣市皆完成第一輪的師傅校長培訓，產生出上百名師傅校長之際，若能搭配證照制度，將可使師傅校長的培育體系更爲完整。

　　本章提出師傅校長證照制度之內涵及推動方向，大致可以分爲「完善的培育體系」、「適切的發證單位」、「明確效期及更新條件」，與「輔導機制及政策推動」四項配套。由於完善的培育能讓師傅校長的專業更爲紮實；適切的發證單位讓證照更有公信力；效期與更新辦法使證照在一定時間內能代表其意涵與效力；輔導機制及政策推動影響了領有證照的師傅校長應如何運用，這四項配套將決定師傅校長證照是否有研擬並存在的價值。

　　證照是爲了證明某項專業人員是否在執行業務時具備受到信賴的專業能力，制度則是較恆定、不易變動的長期性計畫。師傅校長證照制度可讓師傅校長制度在培育、政策推動、後續應用途徑，乃至於本身職涯專業發展上形成連貫且完整的系統，因此隨著師傅校長培育在國內各縣市的普及，證照制度之必要性也日益顯明。希冀本章初步探討的師傅校長證照制度的設計及內容配套環節，可以使加入證照制度後的師傅校長制度設計更臻完備，從而提高初、現任校長與主管機關對師傅校長專業的信任，進一步增進社會各界對學校教育品質的信賴。

註：本章修改自游子賢、林雍智（2023）。中小學師傅校長證照制度設計之構思。**臺灣教育評論月刊，12**(4)，116-124。

師傅校長制度的
實踐與運用策略

第十章

各縣市辦理情形

張乃文

第一節 前言

　　全校協的「師傅校長培訓計畫」是一項全國性的計畫，旨在培育各縣市的中小學師傅校長，也是我國首次針對師傅校長進行系統性培育的計畫。該計畫從 2018 年啟動，當時團隊研究夥伴皆為在職校長，為建構師傅校長培訓課程，團隊從蒐集各國研究資料開始，經過文獻探討及專家學者焦點座談形成滾動式課程架構。接著，從 2019 年開始展開培育。撰書此時，已經完成 5 年、共計 19 個縣市的實體培訓課程。本章主旨乃在說明這幾年辦理情形，各節中亦會概述全校協在推動此課程時，與各縣市教育行政機關和校長協會溝通協調的歷程。

第二節 師傅校長培訓課程的準備階段

　　師傅校長在各國文獻中尚難覓相關文獻，所以在各縣市辦理培訓工作時，要形塑一致的目標需相當用力。為讓師傅校長培訓課程在全國各地辦

理時，能有最大程度的一致性，事先的籌備工作相形重要。例如：(1) 為讓各縣市校長協會清楚計畫辦理應配合執行之事項，標準的作業程序及注意事項相對重要；(2) 需要決定主辦或承辦單位、地點及各項增減的儀式或活動；(3) 需和縣市政府教育局（處）形成共識，再於各縣市辦理。在各縣市培訓前，小組的各項準備工作，如下所述：

壹 拜會各縣市政府

　　與各縣市教育主管行政機關形成共識，是一件非常重要的事。因為師傅校長的概念至今尚屬較新思維，雖有少數縣市已經實施類似師傅校長的機制，但面對這些被指派的師傅校長，本身是否清楚自身被賦予的任務及倫理是一件很重要的事。所以和各縣市政府有一致的目標，才能準確完成任務。在拜會的過程中，除表達培訓計畫之目的外，團隊也要理解各縣市政府之特殊需求，使需求在安排課程時也能一併融入。

　　團隊在累積多年縣市政府的拜會經驗後，發現這項工作非常重要。因為即使完成師傅校長培訓課程，師傅校長們是否能真正執行此項任務的最大關鍵點，在於縣市政府是否以完成師傅校長培訓的人員為優先考量。所以能否兼顧選用合一，可委請主管機關先行考量，避免日後人才閒置。在輔導真正需要協助的初任校長時，可將完成訓練的師傅校長作為優先聘任的人員。因此，讓主管機關先知悉培訓的內容，多數就會認可培訓的成效，搭配需求時的人員選聘。

貳 與校長協會及承辦單位的溝通工作

　　各縣市的校長協會是各縣市校長的重要合作夥伴，其理事長是重要的靈魂人物，理事長的任務包括凝聚在地校長共識、引領校長前進方向、提升校長團隊能量、形塑優質團隊效能，在辦理師傅校長實際業務時，其是最重要的溝通人物。要形塑師傅校長的正確形象，各縣市校長協會是不可或缺的夥伴，所以在拜會各縣市政府教育主管行政單位時，都會邀請在地

校長協會理事長同行。

團隊在拜會各縣市的過程中，可見到各縣市校長協會理事長的領導風格，有單槍匹馬型的、有團隊型的；有積極表達意見的、有沉默寡言的。理事長的風格往往會影響活動的成效，所以很多縣市都是理事長一肩擔起重任承辦，但部分縣市受委任的理事長的風格往往也會影響培訓課程的品質。

參　推舉師傅校長學員名單

師傅校長的名單推薦非常重要，團隊會向主辦縣市分享各縣市的師傅校長學員推薦方式。團隊的提醒包括：(1) 注意各學程的人員分配比例，如高、國中小參與培訓的人員比例是否適當；(2) 校長協會的推薦人選是否符合透明原則；(3) 縣市政府的推薦人選是否考量日後的選用合一；最後，也要注意到：(4) 如何讓被推薦者感受到榮耀感，日後願意積極擔負此重責等因素。

肆　課程及相關注意事項標準化

為讓承辦學校更清楚活動過程中所應注意的事項，團隊擬訂了「師傅校長培訓課程承辦學校協助事項」，此注意事項在第一年制定後，依實施狀況，每年度又歷經些許微調，但內容變動不大。

伍　授課教師的課前備課

每年度的課程開始前，除了請授課教師依照小組給予的授課大綱及各縣市的特殊需求編撰課程外，工作小組會辦理授課教師的共同備課會議，並請授課教師分享授課重點。此部分成效非常好，部分授課教師除分享自身的課程內容重點外，還會分享培訓過程的特殊經驗，也讓當年新參與的授課教師更容易提升講課品質。

由於團隊強調互動式課程，在授課過程中讓更多師傅校長學員可相互對話及分享經驗，因此除重要理論的講述外，多數時間以互動為主。

這5年的備課會議，前兩年為實體會議。第三年因疫情關係，轉為線上備課會議，但卻發現授課教師出席率大幅提高。分析原因應是，這些一線的精英授課教師，想安排他們共同參與備課研習，困難度極高，改為線上備課之後，授課教師的時間成本，包括參與會議的舟車往返降低很多，因此成效甚佳。第四年的授課教師備課仍採線上備課。針對無法參與實際備課的教師，團隊會將當年的「備課會議紀錄」及「授課教師注意事項」發給授課教師。

陸 課程安排標準化

團隊規劃的師傅校長培訓課程，共計5天、10門課，每門課定為3小時。課程內容分成兩個面向：
1. 第一面向為「師傅校長專業素養」，包含1-7堂，共計21小時。
2. 第二面向為「師傅校長輔導知能」，分布於8-10堂，共計9小時。

團隊會在拜會縣市政府教育主管機關及校長協會時，說明課程規劃的方式、目的及重點內容，並蒐集各縣市特殊需求，將其融入課程內涵中。此10門課，如表10-1所示。

表 10-1
師傅校長培訓的 10 堂課表

節次	課程名稱	課程內涵
第一堂	師傅校長心願景：師傅校長10堂課	1. 師傅校長使命與倫理。 2. 師傅校長角色、圖像。 3. 未來教育趨勢與教育哲學觀。
第二堂	預見未來學校：轉化政策發展	1. 將教育政策轉化為學校願景。 2. 依據學校願景，制定具體的發展目標。 3. 掌握親、師、生的需求，形成願景。 4. 善用學校內外部資源，實踐學校願景。

節次	課程名稱	課程內涵
第三堂	如何打動教師的心：提升教師專業資本	1. 激勵教師工作熱忱。 2. 協助教師規劃專業發展。 3. 轉化教師教學與課程建構能力。 4. 支持教師專業社群運作，提升專業文化。
第四堂	當我們同在一起：發揮團隊合作潛能	1. 形塑團隊共識，匯聚正能量。 2. 洞悉團隊文化變革，提出因應策略。 3. 激勵團隊，發揮團隊合作潛能。
第五堂	leading 未來：優化組織管理策略	1. 建構組織運作之規準。 2. 建立聯繫、溝通、轉化的能力。 3. 案例討論：校園危機處理與應變。
第六堂	Yes, we can：評估學校經營績效	1. 釐清學校優劣勢，創造學校成就。 2. 凝聚利害關係人熱情與共識，形成一致目標。 3. 透過課程及教學領導關注學生學習成就。
第七堂	美麗心視野：凝聚社區家長動能	1. 建構學校與社區的最佳互動模式。 2. 了解社區人士期待，發展學校定位。 3. 引入社區助力，主動協助學校發展。 4. 帶動社區成長，共享資源、繁榮學校。
第八堂	為學校把脈：診斷分析問題解決	1. 學校問題診斷：學校問題分析，發現學校經營問題所在。 2. 人格心理診斷：校長的內在心理、適應力診斷。 3. 社會環境診斷：學校各項社區資源分析及對校長的影響。
第九堂	聽·說：發展溝通專業技巧	1. 針對個案學校進行溝通輔導。 2. 培養專業溝通技巧，包含傾聽、對話討論、激勵等。 3. 對於特定目標行為，建立達成歷程檔案。
第十堂	有 Tempo 成功：培育校長經營能力	1. 將特定目標變成行動，轉化為結果，確保質量之能力。 2. 貫徹執行設定目標意圖，完成預定目標的實際操作能力。 3. 將學校經營策略、規劃轉化為效益、成果的關鍵因素。

　　5 年來，師傅校長培訓的這 10 堂課名稱雖未改變，但團隊在運作過程中，有不斷滾動式討論課程應引領的方向，透過備課、課前溝通及課程中觀察，再將小組的觀察及想法回饋予授課教師。在小組和授課教師長期合作下，默契越來越好，不僅讓授課的流暢度更好，更能提高學員的參與度。

第三節 各縣市的執行狀況

　　不管培訓的事前工作做得如何，真正進入實作課程時，是另一種挑戰的開始，經過了 5 年的運作，筆者覺得以年度來討論執行狀況，比較有層次，且有越來越好的感受。

　　首先，本計畫所執行之師傅校長培訓課程為世界首創，能參考的學理基礎與各國的案例仍有不足，且在臺灣校長職場非常忙碌的現況下，光要說服各縣市政府教育主管機關，表達培訓課程不是疊床架屋，就已經有相當的挑戰性。培訓重點在於如何讓資深校長在輔導初任或受輔導校長的過程中，更順利、更有目標性、傷害更小。其次，如何讓各縣市校長協會相信，授課教師群絕對是團隊審慎再三所邀請到的專業人員，更是不易。其三，在實質運作時，團隊成員以相對「局外人」的身分，如何找到各縣市的靈魂人物，透過魅力領導的方式，讓學員可以將培訓課程視為重要行程，真的是非常不容易。第四，如何激起授課教師與學員間的火花，更是需要天時、地利、人和。種種的努力，非筆墨難以形容，以下就 5 年來（2019-2023）所觀察到的各縣市辦理狀況加以敘述。

師傅校長培訓元年（2019 年）

一、課程執行縣市

　　師傅校長培訓課程啟動的第一年，共計 3 個縣市參與本計畫，有離北部最遠的臺東縣，有全國學校數最多的新北市，以及科技重鎮新竹縣。2019 年的培訓成果如表 10-2 所示。

表 10-2
2019 年師傅校長培訓辦理縣市彙整表

項次	辦理縣市	時間（2019 年）	地點	培訓人數
1	臺東縣	9/20、10/4、10/18-19、11/8、11/15	臺東縣文創基地 TTmaker	16
2	新竹縣	10/1-10/29（每週二）	新竹縣立自強國民中學	10
3	新北市	10/25、10/30、11/7、11/14、11/21	新北市中和區光復國民小學	17

二、各縣市執行狀況

(一) 臺東縣

　　臺東縣相較其他縣市而言是較偏遠的地方，但因為它是師傅校長培訓課程全國所有縣市的第一堂課，所以相當值得重視。臺東縣的辦理特色有：

1. 辦理開訓記者會引起迴響。在教育處全力的支持下，臺東縣成為全國師傅校長培訓課程的第一個開跑者。有著這樣的優勢，臺東縣召開了師傅校長培訓記者會，邀請多家記者採訪。最重要的是，除了提升參與學員的被關注度外，也讓校長協會的夥伴打了強心針，成為全國各縣市校長協會最好的典範。記者會也引起諸多媒體的迴響與報導，紮實打響了師傅校長培訓的新里程。

2. 縣長贈好書，讓臺東縣的師傅校長們倍感溫暖。縣長特別挑了三本好

書並親自致贈給師傅校長們，使其深深感受到縣長的肯定與期待。

3. 開幕記者會布置相當精緻。環境氛圍往往掌握了學習的關鍵，在記者會當天，精緻卻不奢華的咖啡及點心區，承辦學校新生國小特別聘請了點心師傅與咖啡師傅（怪豆咖啡），現場搭配臺東在地植物素材裝飾。更有心的是，兩位師傅都是教育人，一位是退休後到日本學習藍帶糕點，一位是辭去臺北特殊教育學校的教師工作，到臺東專心烘焙咖啡。這對於教育人，尤其是師傅校長更是最好的啟示，「教育處處皆是」，對師傅校長的期許滿滿。

4. 場地在校外不受干擾。教育處林處長特別指定了 TTMaker（臺東創客基地），作為師傅校長培訓地，除了場地新、設備好、在市區，最重要的是，可讓校長們放下掛念的心，專心接受培訓，效果真的很棒！

5. 每天上下午備有小點心，而且都是挑過並且不重複。享用小點心雖不是努力的核心，但在認真學習的休息時段，總有工作夥伴準備的小點心，滿滿的暖意，可想而知。

6. 為師傅校長準備制服。這是臺東縣的首創，但卻是唯一，此種身分的象徵，讓人穿上那件衣服不由自主的覺得背負著使命感。

7. 承辦學校張校長，雖被邀請參與師傅校長培訓，但其以校長協會理事長及承辦學校的身分，乃拒絕教育處的邀請，表達其有任務在身。但可敬的張校長卻從頭到尾都坐在一旁認真學習，如此以自身為典範，真是值得學習。

8. 以結業證書換 10 萬工程，這是處長在頒發結業證書時許的願，對一位認真負責的校長而言，為學校爭得經費，往往是最開心的事，而處長是最了解，也是最支持的人。

(二) 新竹縣

　　在 2019 年 3 個縣市裡，新竹縣是次於臺東縣開始的縣市，所以可以了解更多他縣已經面對的問題。新竹縣參與師傅校長培訓的成員，5 天 10 堂課全員出席率達百分百，即使是已經辦完 19 個縣市的現在，仍沒有任

何一個縣市可以達到此標。太厲害了！

(三) 新北市

　　新北市參與的校長多為資深的大校校長，最大的困難是如何放下學校業務全心參與培訓。以下是新北市在校長培訓中的觀察重點：

1. 學校規模大不易放下。新北市的師傅校長幾乎都是資深的大校校長，讓日理萬機的大校校長全部放下，專心參加 5 天的師傅校長培訓，實不容易。

2. 每週一天課較好安排。新北採用一週一天課程，因此整個課程從開始到結束看似長期，卻可提高學員的出席率。

3. 承辦學校結合學校專案人力，為學校省去很大的人力成本，人員較省力。

4. 師傅三級制的概念很早就在新北市執行了，所以大家對師傅校長的概念比較清楚，學員因此對於師傅校長培訓的目標，也有清楚的概念。

貳 師傅校長培訓第二年（2020 年）

一、課程執行縣市

　　第二年師傅校長培訓課程共有 4 個縣市參與本計畫。有最南的屏東縣，有人文薈萃的臺南市，有重視生態環境的宜蘭縣，以及鐵道迷最愛的彰化縣。表 10-3 為 2020 年辦理縣市概況。

表 10-3

2020 年師傅校長培訓辦理縣市彙整表

項次	辦理縣市	時間（2020 年）	地點	培訓人數
1	彰化縣	11 月 11、18、25 日及 12 月 2、9 日	彰化縣彰化市平和國民小學	15

項次	辦理縣市	時間（2020 年）	地點	培訓人數
2	臺南市	9 月 30 日、10 月 7、21、28 日及 11 月 4 日	臺南市立佳里國民中學	20
3	宜蘭縣	9 月 24 日及 10 月 8、15、22、29 日	宜蘭縣羅東鎮羅東國民小學	15
4	屏東縣	10 月 13、20 日及 11 月 3、10、17 日	卡佛魯岸咖啡、日作小農	15

二、各縣市執行狀況

(一) 屏東縣

1. 屏東縣選用的是優質餐廳兼具生鮮零售的場地，有文創風格且高雅的場域，讓人眼睛為之一亮。餐廳老闆運用人際網絡在每一場次活動中安排各式音樂饗宴，專業的表演服飾及音樂演奏，有西樂、國樂，甚至有尺八樂團，音樂的融入使場地氛圍瞬間提升。

2. 屏東縣教育處指派的承辦人員為即將退休，先借調至縣府的校長。由資深校長承辦此項業務，溝通非常容易。縣府也調派候用校長擔任工作人員，讓這群年輕的校長有更多機會接觸資深的校長，也請候用校長們協助授課教師接送，讓高鐵的距離不再感覺遙遠，更讓候用校長們有機會旁聽師傅校長的課程。

3. 處長直接參與授課，是非常重要的一環。處長能撥出 3 個小時面對師傅校長，更清楚的說明其政策方向，對師傅校長們是一個難得的機會。如此，師傅校長們可以更清楚教育局（處）施政的方向，也會更容易達成目標。

4. 服飾與場地相呼應。不知道是場地影響了與會學員的穿著，還是屏東縣的校長們本來就重視服裝的穿著。屏東的校長們，相對於其他縣市與會的學員，在服裝打扮上，整體是較注意細節的。這不是為了比

較，只是觀察心得。因校長代表著學校的門面，有時候穿著會讓人感受到對活動的重視程度。

5. 結業式時，又是另一場音樂盛會。在屏東縣的活動過程中，清楚的感受到境教的重要，搭配著專業人員的表演活動，參與人員應該很難忘懷這樣的授證儀式。

㈡ 臺南市

1. 承辦學校使用體育館作為課程場地，在過程中曾詢問過是否有一般教室大小的空間，但因為學校空間有限，找不到可使用的教室，所以培訓的 5 天都在體育館辦理，場地過大，學員間的互動較不佳。

2. 臺南市是第一個推薦退休校長參與培訓課程的縣市，現職人員積極反應教育現場問題時，與退休校長們所關注教育議題可能較不相同。

3. 臺南市上課的地點離高鐵車站距離甚遠，因為小組成員和講師多搭高鐵與會，每次都勞煩承辦學校校長與主任來回接送，時間、人力成本都相當大。

㈢ 宜蘭縣

1. 第一天上午課程合併開幕典禮，出席人數尚可，但當日下午的出席率銳減，承辦學校校長也是理事長，所以很積極投入日後課堂的邀約，成效也很好。

2. 第五天的課堂與新北市校長交流，借用新北市三峽客家文化園區教室，整體的氛圍非常好，出席率也接近滿位。如此的翻轉出席率，理事長和夥伴的用心可想而知。

3. 在結業分享時，夥伴分享：「以為這就是一般的研習，若知道這麼精彩，早就出席了。」

㈣ 彰化縣

1. 彰化縣的師傅校長開幕儀式，是以較大型的活動方式邀請縣長與會致詞，在活動中心現場，滿滿的與會貴賓，包括學校重要幹部及家長會

團隊,還有地方士紳,更重要的是,候用及初任校長都是觀禮來賓,相信對師傅校長而言很有儀式感。

2. 彰化縣所使用的環境是非常制式的ㄇ字型會議空間,雖然沒有豪華的設備,但是在空間變化上有相當的彈性,除方便授課外,分組也很方便,這樣的空間也可以是很好的培訓空間。

3. 彰化縣的承辦學校校長,在召集出席夥伴時扮演著重要的角色,呼叫一下夥伴,提醒一下注意事項,每天下午的熱咖啡,人手一杯,也具加分效果。

4. 彰化縣教育處的承辦人是候用校長,在辦理此項業務時非常用心,除了盡力撥空參與課程外,結訓後辦理師傅校長教育論壇,讓每一位校長有一場主題講座,對師傅校長的榮耀感與參與感提升有很大的幫助。

5. 此次培訓活動承辦學校的主辦人員是學校的人事主任,主任表達對於師傅校長培訓雖不了解,但仍盡力,可以看到學校在人力吃緊的情況下,調配出不一樣的人力配置,真是難得。

師傅校長培訓第三年（2021 年）

一、課程執行縣市

第三年師傅校長培訓課程,共辦理 3 個縣市,有幅員甚廣的南投縣,有南北距離甚遠的花蓮縣,有城市改造快速的桃園市等 3 個縣市。表10-4 為 2021 年辦理縣市概況。

表 10-4
2021 年師傅校長培訓辦理縣市彙整表

項次	辦理縣市	時間（2021 年）	地點	培訓人數
1	花蓮縣	10 月 26、27 日及 11 月 3、4、5 日	花蓮縣吉安鄉宜昌國民小學	14

項次	辦理縣市	時間（2021 年）	地點	培訓人數
2	南投縣	11 月 11、12、26 日及 12 月 9、10 日	南投教師會館 南投縣立草屯國民中學	9
3	桃園市	11 月 19、20、25 日及 12 月 3、4 日	國立臺北科技大學附屬桃園農工高級中等學校	20

二、各縣市執行狀況

㈠ 花蓮縣

1. 花蓮縣將培訓日期分成 2 天及 3 天完成，整體感受上，請校長連續兩日出席較困難，所以課程的第二天出席率就會稍降，第三天就會再減少一點，大部分的校長都會表達要回學校處理一下公務。建議日後辦理培訓課程時，除非是安排跨縣市隔宿活動，原則上不要連續兩天辦理。

2. 花蓮縣很特殊的部分是理事長學校、承辦學校及培訓場地學校分別不同，從分工的角度感受到大家都承擔相當的工作，但因為承辦學校並非培訓地學校，運用上較有些許落差。

3. 承辦學校出動教務主任、護理師和會計主任，都是很優秀的夥伴，5 天全程分工陪同，細心協助與會的師傅校長的需求，甚是感動。

4. 教育處代理處長身兼兩個局（處）首長，仍積極關懷課程進行的相關內容，包括最後的授證儀式都親自參與，其對師傅校長的關心程度讓大家有感。

㈡ 南投縣

1. 承辦學校為理事長的學校，而且親自參與服務工作，所以各項事務的溝通很順暢，且校長協會總幹事是初任校長，與理事長搭配相當良好，也幾乎全程參與活動，為活動加分甚多。

2. 開訓第一、二天課程的上課地點選擇日月潭教師會館，湖光山色，感受很棒，對培訓者有相當的加分效果。

3. 場地的部分，理事長準備了很多照相用的標語布置上課環境，讓整體上課氛圍感受甚好，活力油然而生。

4. 此次南投推薦的參與人員以退休校長爲主，現職校長則只有兩位國小校長及一位國中校長，感受到行政主管機關對於可時常到校陪伴的退休校長需求較高。

5. 培訓課程的第三天到第五天，使用學校場地，大小適中，因用學生桌椅上課，調整位置很容易，只是桌椅較小，長坐一天比較辛苦。

㈢ 桃園縣

1. 桃園縣是第一個在高、國中小培訓人員比例分布較平均的一個縣市。因爲有明顯的三教育階段的校長參與活動，所以上課時的對話較過往以小學校長爲主力的培訓活動，內容明顯不同。

2. 主辦學校亦是校長協會理事長，統籌能力佳，又是高中學校，人力配置相較國中小顯得相當充裕，所以整體活動的型式更似大型的培訓活動。

3. 上課場域搭配著相鄰的文創型教室，增加了對話空間，相當有助於人與人的互動，對於師傅校長而言，能創造對話場域的課題也非常重要。

肆 師傅校長培訓第四年（2022 年）

一、課程執行縣市

　　第四年的師傅校長培訓共有 5 個縣市參與計畫，包含第二次辦理師傅校長培訓的新北市，以及臺中市、嘉義市、雲林縣與高雄市。第四年師傅校長培訓與過往較多不同之處，包括擴大講師群、講師來源的多元化及辦理的縣市數相對增加。表 10-5 爲 2022 年辦理縣市概況。

表 10-5

2022 年師傅校長培訓辦理縣市彙整表

項次	辦理縣市	時間（2022 年）	地點	培訓人數
1	雲林縣	9 月 30 日，10 月 7、14、21 日，11 月 17 日及 12 月 21 日	雲林縣北港鎮北辰國民小學	17
2	嘉義市	10 月 6、13、20 日及 11 月 3、17 日	嘉義市立民生國民中學	15
3	臺中市	10 月 20、26、27 日，11 月 2、3 日及 12 月 7 日	臺中市立文華高級中學	20
4	高雄市	10 月 24 日及 11 月 14、17、21、24 日	高雄市立前鎮高級中學	29
5	新北市	10 月 20、27 日，11 月 4、11、18 日及 12 月 14 日	新北市立福和國民中學	33

二、各縣市執行狀況

(一) 高雄市

1. 培訓地點選擇的學校是前鎮高中，校長就如其他承辦學校的校長一樣很忙，一直都感受到他的「被需要」，但最大的優勢是高中人力配置遠較國中小人力充裕。

2. 其中講師的來源增加了校長們過去合作的夥伴，或許是熟悉度太高，少了一點新鮮感。

3. 高雄市的學員分布也是高、國中小較平均的縣市。這一年觀察發現各學程人員分布較平均的縣市，互動模式較單一教育階段學員不同。

(二) 雲林縣

1. 主辦學校和校長夥伴之間的互動相當自在，深深感受到其平日的互動就很頻繁，尤其是看到校長們和處長的互動，更像是多年的老友，感受到這個縣市校長間的支持性良好。

2. 主辦學校校長每一堂課都準備不一樣的點心，包括銅板小吃煎盤粿、塑膠袋剉冰、水煎包，每每引起話題，讓休息時間氛圍非常熱絡，往往也可以延續到上課時間。

3. 主辦學校校長就像陀螺一樣轉不停，進進出出，忙碌程度可想而見，這也是為何小組成員建議活動辦理地點若能跳脫學校空間，學員們就可以專心上課。

(三) 臺中市

1. 臺中市在文華高中辦理師傅校長培訓，交通非常方便，下高鐵後轉乘捷運就可以搭到學校，所以省下很多接送人力。

2. 承辦學校是清水國小，該校出動很多成員，熱情服務又大方提供許多私房點心，惟遇場地問題時，需要在地學校協助。

3. 臺中市的學員來自高、國中小，分布也相當平均，所以在討論問題時，自動形成三組夥伴，可以感受到不同教育階段校長所分享的內涵常常大不同。

4. 臺中市因為啟動的時間比較晚，講師調度上有較高的難度，也因為如此，更擴大了培訓課程的講師群，所以本場次的授課教師群是歷年來跨域最多的一個群。師資包括教授、大學校長、國教院研究員兼高中校長、記者、電台台長、雜誌社主編、作家，是自開課以來師資最多元的一次。

(四) 嘉義市

1. 主辦學校為民生國中，因嘉義市各學校彼此距離都很近，所以中午大家都會返校洽公。

2. 嘉義市因幅員不大，校數不多，因此校長間都非常熟悉彼此，處長也擔任課程講師，與師傅校長們交流。

(五) 新北市(第二梯)

1. 新北市是第二次辦理師傅校長培訓，第一次是在 2019 年辦理師傅校長

培訓時，因培訓數量遠不及新北市的需求，故新北市校長協會特別商
請全校協協助辦理第二梯次師傅校長培訓課程。
2. 新北市參與的培訓人員第一梯次加第二梯次，是目前全國各縣市師傅
校長人數最多的縣市，亦較符合現場校數比例。
3. 第二梯次新北市師傅校長培訓特別增加退休校長，期待時間較彈性的
退休校長能有較多的時間協助初任校長。
4. 全校協團隊成員有符合師傅校長培訓資格的夥伴參與此次培訓，期待
研究團隊親自參與課程，更能從學員角度來審視未來課程調整的方向。

伍 師傅校長培訓第五年（2023 年）

一、課程執行縣市

　　第五年師傅校長培訓課程，共辦理 5 個縣市，有最北的基隆市，有離
島澎湖縣，以及新竹市、苗栗縣、嘉義縣等五縣市，表 10-6 為 2023 年辦
理縣市概況。

表 10-6
2023-2024 年師傅校長培訓辦理縣市彙整表

項次	辦理縣市	時間（2023 年／2024 年）	地點	培訓人數
1	嘉義縣	9 月 7、14、26 日及 10 月 6、12 日	嘉義縣新港鄉新港國民小學	15
2	基隆市	10 月 5、12、19、20、26 日	基隆市政府教育處 基隆市武崙國民小學	18
3	苗栗縣	10 月 12、16、24 及 11 月 7、20 日	苗栗縣頭份市后庄國民小學 苗栗縣國教輔導團教師研習中心	15
4	新竹市	11 月 2、16、23、30 日及 12 月 7、14 日	新竹市立虎林國民中學	16

項次	辦理縣市	時間（2023 年 / 2024 年）	地點	培訓人數
5	澎湖縣	2024 年 1 月 22、23、24、25、26 日	澎湖縣馬公市文光國民小學	9

二、各縣市執行狀況

(一) 基隆市

1. 辦理的地點為教育處的資訊中心（9 樓）及武崙國小，場地轉換不是問題。教育處的學習空間相對優質，但因位處鬧區，停車不易，對遠道而來的講師較不方便。而在學校場域辦理，停車較為方便。

2. 可以感受到基隆市的師傅校長放不下學校的事務，但對培訓課程也都很上心，所以多數校長都是先到學校辦理校務，再到培訓地點。中午的時候，多數的校長也都返校辦公，學員表達：「基隆市比較小，中午都會返校處理公事。」所以在培訓過程中，都是在每堂課結束前才會有最多的人同時在場。

(二) 嘉義縣

1. 辦理學校校長也是校長協會理事長，善於招呼學員。師傅校長們到學校第一件事總是到校長室喝茶，包括講師們，若早到也受邀到校長室喝茶，往往課程還沒開始，專業分享就開始了。

2. 承辦學校每天都為參與夥伴準備在地美食，因為學習夥伴彼此都很熟悉，除了主辦學校校長會準備美食，其他校長也相互提供在地美食，間接也熱絡學習氛圍。

3. 安排課程時，嘉義縣兩位教授擔任了縣市推薦的授課教師。因和學員熟悉，產生了明顯的效益，引領的效果非常好。

(三) 苗栗縣

1. 辦理地點在國教輔導團，是苗栗縣教育人員學習的公場域，學習環境

極佳，離高鐵站很近，便於接送授課教師。

2. 苗栗縣上課教室是圓形桌，討論時很便利。

3. 有找四位本縣退休校長擔任培訓課程講師。

(四) 新竹市

1. 辦理地點在虎林國中，該校設備資源確實不錯。

2. 新竹市所用的教室空間大小及設備都非常好，使用了六角形桌，上課時每位學員的方向都不太相同，感覺很活潑的上課形式，但是要多一點人討論時，就覺得較沒有那麼方便。

(五) 澎湖縣

1. 澎湖縣是第一個連續辦理 5 天培訓課程的縣市，如此安排的原因，是因為離島的培訓辦理成本相對高，若連續辦理對學員可能比較辛苦，但考量辦理成本及授課教師安排，是一種折衷的方法。

2. 原訂 2023 年辦理課程，但因為澎湖縣的地理位置在學期中不易執行，所以課程特別挪移到 2024 年 1 月寒假，在馬公市的文光國小辦理。

3. 澎湖教育處相當重視本次培訓，處長於第一門課及最後一門課均到場鼓勵，參與的學員出席率亦高，亦無因處理事務中途離席的現象發生。

第四節　辦理實務彙整與討論

　　師傅校長培訓經過 1 年課程規劃與 5 年的執行，茲將數年來的資料彙整後，分別就活動辦理面向、提升出席率面向、場地及人力面向、提升使命感面向，以及培訓後落地實行面向討論如下。

壹　活動辦理面向

　　經過 5 年的師傅校長培訓課程，完成了 19 個縣市，20 場次的培訓課

程。從第一年的三場，到第二年的四場，到第四、五年的五場，團隊面對培訓需求增加，在實務經驗已熟稔的現況下，可同時辦理的場次就更多了，未來也更有能量配合縣市的培訓需求。表 10-7 是 5 年來師傅校長培訓實作課程辦理縣市的彙整。

表 10-7
各年度師傅校長辦理縣市

辦理年度	辦理縣市	年度場次
2019 年	臺東縣、新竹縣、新北市（第一梯）	3
2020 年	屏東縣、臺南市、宜蘭縣、彰化縣	4
2021 年	花蓮縣、南投縣、桃園市	3
2022 年	高雄市、嘉義市、雲林縣、臺中市、新北市（第二梯）	5
2023 年	嘉義縣、苗栗縣、基隆市、新竹市、澎湖縣	5
總計	19	20

貳 提升出席率面向

提升出席率是培訓活動很重要的重點，因為學員的行程都很滿，且都接受過無數場次的教育專業培訓，如何讓其感知培訓可獲得的能量及不來參與是相對損失，需要有效的策略。茲彙整各縣市的七項辦理經驗如下：

一、堅強的講師陣容

團隊在聘請授課教師時相當慎重，人選有第一線經驗豐富的教育人員，有律師不同的法律觀點分享，有工程專長的危機管理案例。在過程中明顯的觀察到，師傅校長學員們最多提問的課，是面對律師及工程專業人員，畢竟術業有專攻，校長們是教育專業人員，面對法律及工程問題尚有諸多學習空間。所以在課程第四年，小組團隊更廣納多元面向的講師名單，包括媒體記者、雜誌主編、電台台長等，豐富的師資陣容確實引起校

長們更多的迴響。

二、找尋魅力的熱情夥伴

　　課程中除了授課教師要有專業，課堂身旁的夥伴是誰也非常重要，這是心理學人際的吸引力，所以快速的找出團隊中有熱情、有感染力的夥伴很重要。在短暫且陌生的環境中找到關鍵人物，有相當的困難度，若能找到這樣的靈魂人物，活動就能成功一大半。當然，要在短短的 5 天，面對一群不熟悉的成員，快速找到核心人員並不容易，若從協會理事長或承辦學校校長開始尋覓，多數時候容易成功。例如有某縣第一天完成開幕後，幾乎所有的校長都返校辦公，透過理事長的熱情邀約，夥伴們陸續回到課堂，到最後一天還有夥伴分享：早知道課程這麼棒，一定會全程參加。

三、研究團隊參與課堂

　　培訓課程同一年有多場，團隊夥伴參與課程從未間斷，係參照質性研究的田野調查，目的在過程中透過觀察蒐集資料；另一方面，在多數承辦單位人力吃緊的情況下，團隊成員可以分擔部分工作；其三，團隊成員歷經多場同樣型態的研習，比較能掌握多方需求，適時扮演溝通協調及回饋的角色。包括部分授課教師帶著滿滿的專業，因不了解教育現場的一些樣態，而產生落差，或是授課教師講得盡興，忘記適時休息或變化活動。此時團隊的介入參與，往往有助於課程溫度的回升，更能提升學員們期待上課的心情。

四、課堂休息小點心加分

　　在各場次中發現，小點心非常有加分效果。觀察各場次培訓課程，若是會場準備各式飲品或隨手包，效果相當好，尤其是年輕人喜歡的小零嘴，這會增加許多師傅校長們聊天的話題。例如臺中場，雖然在高中辦理，但承辦學校為國小的教師們，他們搬出個人私藏，每天都不同，各式

新穎、可愛包裝的小點心及單包飲品，吸引許多學員好奇的目光，讓休息時間更輕鬆有趣。再如臺東場及雲林場，承辦學校在每門課程中提供不同的在地小點，總會引出許多對話。筆者覺得一人一份小點心這個細節很不錯，因為幾乎每位學員都會領用屬於自己的那一份，打開小點，打開話匣子。例如雲林場提供的煎盤粿、塑膠袋剉冰，吃出回憶、吃出話題，讓氣氛瞬間熱絡。

場地及人力面向

一、跳出傳統教室場域

多數縣市在辦理師傅校長的場地選擇，都會尋覓承辦學校裡最好的空間，聽著鐘聲，看著來去的學生，這是大家熟悉的場域。但從第一個辦理師傅校長培訓課程的臺東縣，選擇了校外的「TT Maker 創業基地」當培訓地點，就可以感受到校長的自在，尤其是承辦學校的校長。對話環境的營造，也是師傅校長們重要的課題，如何讓陪伴的校長夥伴跳脫固有的思維方式，或許很多問題就解決了大部分。

二、充分掌握場地資源

承辦學校在場地資源運用的掌握度很重要，首先，是場地器材的運用調配要能明確掌控。其次，空間大小的選擇應適中，過小的空間固然不適合，過大的空間也不適合，因為會影響講師與學員的互動。再者，座位的型式應兼具講述課程及小組互動的課堂模式，因為講師們採用多元方式進行課程。最後，很重要的是，選擇交通較便利的學校，會有利於授課教師及全校協團隊的參與，避免過多的接送，舟車勞頓，增加彼此負擔。

三、辦理單位決定氛圍

承辦學校若屬不同教育階段，就會展現出相當不同的風格，這是筆者

這幾年來觀察到的。一般而言，國小的承辦單位人力吃緊，但多數都努力營造溫馨的場域。高中承辦的時候，學校人力相對充裕，承辦學校校長多以方向性引領活動的進行，所以在細節上會有很明顯的差異。最有趣的部分是國中，兼具兩種學程的特性，細節較少，人力一樣吃緊。這樣的觀察不一定可以含括所有面向，但可供日後辦理培訓的縣市及校長協會參考。回到辦理課程的目的，從心理學的微觀角度來看，這樣的差異本來就可以在預期中，而提供這樣的觀點，最重要的是，師傅校長面對未來的輔導及陪伴工作，需細微的觀察而不是只聽當事人的敘述，這是非常重要的。

提升使命感面向

一、不是被迫是被選中

　　5 年來印象最深刻的是新竹縣的培訓課程。新竹縣的師傅校長培訓課程訊息為廣發性質，報名結果超過預期的培訓人數，當時的教育處劉處長做了一個重要決定，勾選了參與人員的名單，所以不是每一位報名的校長都是當然的培訓學員。新竹縣師傅校長的培訓課程，中途雖有極少數夥伴因公務必須暫時離席，但 10 堂課下來，新竹縣的校長學員出席率達100%，這是非常困難的，而且學員在整個過程中的專注令人印象深刻。

二、公開授證儀式感足

　　印象最深刻的是南投縣師傅校長的授證儀式，在校長會議時授證，百分百的榮耀感油然而生。校長的授證方式是由各縣市決定。第一、二年多數縣市的授證都是在課程的最後一天，邀請局（處）長或相關人員頒發證書，多數校長會準時出現，場面也相當溫馨，有備受肯定的感受。第二年宜蘭場時，授證的儀式就另外辦理，當時的印象就很深刻，縣長一一頒發證書時，那時就有滿滿的儀式感。直至南投縣師傅校長的授證時，更深刻的感受到師傅校的定位，責任與榮譽往往是綁在一起的，這是日後辦理師傅校長的縣市可以思考的。

三、證書換 10 萬工程款

　　這是臺東縣教育處長在頒發證書時對師傅校長的允諾，可見教育現場資源缺乏是共同現象，而處長這樣的喊話，讓人覺得額外的付出會獲得他人的肯定。臺東縣更是唯一提供上課的服裝，讓在地的師傅校長穿上它時倍感榮耀。處長的用心處處可見，包括為縣長挑選贈送校長們的三本書，相信對師傅校長的使命感都有提升作用。

伍　培訓後落地實行面向

一、實質賦予責任的開始

　　新竹縣是第一個安排候用校長與師傅校長近距離學習，每週一天的近距離觀察，在師傅校長面對危機、重要決策時，如何應對進退都有更深的感受，師傅校長的名稱就不再只是口號，而有實質的影響效果。其次，印象最深刻的彰化縣的師傅校長講座，每一位校長就自己的專長領域辦理講座，不僅效果佳，也讓校長們更珍惜自己所肩負的責任與形象。

二、實質陪伴以信任為始

　　初任校長或遇危機校長的支持系統，是師傅校長培訓計畫啟動的最初目的，校長在面對困境時，往往需獨自承擔一切的責任與委曲，許多夥伴們都睜大眼睛看著校長如何化解棘手問題。多數校長往往披著堅強沉著的外衣，獨自面對著內在強烈的無助感，若師傅校長能發揮功能，除可協助夥伴走過低潮，也能讓學校或社區避免日後的困境。而遇危機時校長打開心房，除需外在支援，更需開啟信任，倫理與使命的展現就是最重要的開端，或許這就是越來越多縣市教育局（處），安排時間彈性較大的退休校長加入師傅校長行列的原因。

第五節 結語

　　全校協師傅校長培訓計畫的團隊在第一年度規劃出培訓課程後，至今已進行 5 年的實作課程，獲得豐碩成果。以下茲說明本計畫的成效與未來展望。

　　在成效上，師傅校長培訓課程已進行 5 年，總共辦理 19 個縣市 20 場次培訓，參與培訓的學員約 300 位，為我國中小學培育出經驗豐富，可擔任輔導及陪伴者，亦可協助遂行地方教育政策的師傅校長。這也是師傅校長培訓計畫的最重要目的，階段性任務已完成。更重要的是，培訓課程由開始時，委請各縣市辦理至今，已有多個縣市請求協助辦理，新北市的第二梯次就是如此產生，可見成效已受到肯定。

　　在未來展望上，團隊的第一目標是全國各縣市完成第一輪師傅校長培訓工作，未來團隊仍會繼續展開第二梯次的培訓工作，並藉由課程的調整優化與相關配套措施的導入，讓培訓成長為具體性的「師傅校長培育」。其中，教育部的經費補助、更多的人力支援投入、各縣市校長協會的大力支持、縣市政府的選用合一、結訓學員的積極輔導，都是期待與繼續努力的方向。

　　對全校協團隊來說，最重要的目標是持續對課程進行滾動式修正，讓課程越辦越好，而對團隊最好的回饋是如宜蘭縣師傅校長夥伴的分享：「若知道課程這麼精彩，早就出席了。」

第十一章

如何運用師傅校長：各地校長專業支持系統的案例

林雍智

第一節 前言

　　有體系的師傅校長培育，係指兼顧職前培育、執行師傅校長任務、師傅校長個人職涯專業發展規劃，以及師傅校長的專業支持系統上都有完整、完善的設計，讓師傅校長制度能發揮功能，幫助受輔導的初、現任校長精進學校經營成效。我國中小學的校長（除國立高中以外）的人事任用權在地方，因此各縣市師傅校長的運用方式，很大程度受到地方獨特的文化、教育氛圍與教育行政機關對運用師傅校長角色的規劃，而有不同的運用途徑，也因此在運用師傅校長上呈現出不同的特色。

　　本章屬於「師傅校長制度的實踐與運用策略」篇之一章，其主旨在於介紹三個縣市目前運用師傅校長的案例，讓未來有意願擔任師傅校長者，以及加入師傅校長培育的地方政府，了解師傅校長制度的價值，進而產生活用師傅校長的意願。從案例中來看，可得知師傅校長即為校長專業支持系統的一個機制，而師傅校長本身亦需要專業支持系統的協助。這些案例雖然只是所在縣市的一個模式，但也意味著這個模式在該縣市的運作之下是可以收到頗佳的效果的。

以下各節，由新北市（潘慶輝師傅校長撰）、新竹縣（范揚焄師傅校長撰）、南投縣（馬惠娣師傅校長撰）、屏東縣（謝相如師傅校長撰）分別介紹該縣市的師傅校長制度運用途徑（范揚焄，2023；馬惠娣，2023；潘慶輝，2023；謝相如，2023）。透過這些介紹，一來可以提供規劃師傅校長培育的單位銜接培育課程與角色運用，二來亦可以供地方教育行政機關參考既有模式，調整自身運用校長途徑，三來對於參與培育的師傅校長而言，亦能知道自己未來還有哪些可以扮演的角色。最後，師傅校長制度才會從這些結合培育與實務運用的成功經驗中獲得各界的認可，而確立其價值。

第二節 新北市的師傅校長運用方式

壹 新北市的師傅校長運用方式

新北市的師傅校長，經過辦學績效的歷練，透過專業社群的領導，以及帶領國教輔導團的相關領域實踐經驗，逐漸蛻變為一位辦學經驗豐富、服務社群熱誠的現場教育工作者，加上個人的學位進修與研究的分享與發表，進而成為理論與實務兼備的學校教育的領導者。

新北市的校長協會與新北市的聘任督學群組，經常會有相關的增能研習活動，研習活動的內容包含系統性課程領導與行政領導，同時也有相關議題的探究，如 AI 在教學上的應用、雙語教學的實踐方法、混齡教學的實施等等，用以輔導與陪伴現任與初任校長們具有能力、自主性以及適當的歸屬團體。

新北市的師傅校長來源有二，一是退休校長，二是現職校長。在培訓完成之後，師傅校長分為兩個系統繼續服務教育工作。退休校長大部分獲聘為聘任督學，用以協助教育局各科室對於學校的協助和服務工作，如學校行政之各種評鑑工作、優秀教育人員的遴選、學校事務的調查與輔

導、學校課程與教學的輔導等。

現任校長則在教育現場帶領學校行政與學校教育的實踐工作，成為跨校專業社群的領導人、各學習領域召集人、不同研究專案或工作小組召集人等。

貳 新北市初任校長輔導三級制的運作內容

建立「初任校長輔導三級制」來協助初任校長是新北市的特色。新北市建立初任校長輔導三級制之目的有二，如下所述：

1. 建立新北市校長領導支持系統，協助初任校長推動校務經營。
2. 確立校長領導經驗傳承制度，落實初任校長三級輔導理念。由於新北市建立初任校長輔導三級制已實施多年，建置已達系統化，因此功效相當良好。

新北市初任校長輔導的分工，以九份國小為例，有三部分：

一、學長校長

以新北市同期、前期校長或任期一任校長為主，由初任校長自行邀請。以九份國小為例，該校的初任校長，即可得到兩位校長的傳承，讓九份國小在共同的脈絡中，繼續成長。擔任九份國小的學長校長為余屹安校長。余校長曾任新北市瑞芳區九份國小校長 5 年（105-110 學年度）、現任新北市八里區米倉國小校長 1 年（111 學年度 -）。

二、輔導校長

輔導校長由新北市取得師傅校長證書或現任優質校長擔任，由校長協會指派。兩位校長大手牽小手，透過平台的整合，擴展辦學的內涵，增益學校的教育價值。擔任九份國小的輔導校長為曾秀珠校長。曾校長曾任新北市野柳國小校長 6 年（95-100 學年度）、新北市北新國小校長 8 年（101-108 學年度），現任新北市秀朗國小校長 3 年（109 學年度 -）。

九份國小初任校長劉淑惠給曾校長的回饋為：透過秀珠校長指導，新北桃園合作交流平台「衛福教育小組」合作提案——「兩市山海交流」優質戶外教育路線學校互訪交流參與觀摩任務，簽訂姊妹校、戶外教育合作學校，並先簽合作承諾書，進行各項交流規劃。

三、師傅校長

新北市師傅校長的來源為依據各初任校長任職學校現階段所需內容，由校長協會規劃協調並邀請適合人選擔任師傅校長，以吻合初任校長學校經營需求。透過新舊經驗的傳承，奠基在人文與文化的深厚基礎，發展在地課程的創新與求變。九份國小的師傅校長為潘慶輝校長。潘校長曾任新北市鼻頭國小校長 3 年（86-88 學年度）、新北市北新國小校長 8 年（89-96 學年度）、新北市秀朗國小校長 5 年（97-101 學年度）、新北市私立育才雙語小學校長 3.5 年（102-105 學年度）。九份國小初任校長劉淑惠給潘校長的回饋為：慶輝校長傳承我混齡教學—peer coaching 同伴輔導（圖像、詞彙及意義）、群性為基礎的教學策略，確認英文教學 CLIL（content and language integrated learning），即「內容和語言的整合學習」的學習內涵，並引入學校主題探索架構與 DFC（design for change）教學策略。

九份國小的三位輔導校長的關係，如圖 11-1 所示。

參 對新北市師傅校長制度發展的期待

新北市建立初任校長輔導三級制的預期效果有下列三項：
1. 透過初任校長三級輔導支持系統，建構本市校長領導專業發展脈絡。
2. 營造校長領導專業學習社群組織，協助初任校長提升校務經營能力。
3. 轉化傳統校長之行政領導者角色，成就課程教學領導之課綱領航者。

以上三項目的，透過初任校長輔導三級制，可以讓初任校長逐漸在輔導系統中，達成初步的效果。

圖 11-1
新北市初任校長輔導三級制

註：引自潘慶輝（2023）。

　　其次，在初任校長輔導三級制之外，新北市在每年到任校長之前，皆會由新北市校長協會提供相關的集訓與座談，透過師傅校長的經驗傳遞，以及去年遴派出任校長的辦學經驗與實務心得，彼此坦承地交換經驗，理解不同學校型態與人文自然脈絡，以利初任校長們能夠體會辦學之政策大勢、學校社會關係脈絡、學區人文社會風情、社區家長教育期望、區域政治經濟走向。這種由校長專業團體所辦理的專業支持，可以協助初任校長預先做好功課，處理好相關學校事宜。

　　新北市師傅校長的輔導觀念，都希望初任校長們能夠增能賦權並且自帶光芒，為自己的學校、教育社區，與新北市的教育走勢帶出興革的康莊大道。以「課程為學校的架構，教學是學校的靈魂」為引導，在專業的領導中為整體教育社區帶出有趣、有愛、有夢想的學習環境，激勵學生的學

習潛能，透過韌性領導的堅忍不拔風格，爲國家社會鍛鍊棟梁之材。

　　未來，新北市師傅校長的培養進程，除了不斷增能之外，本節作者認爲還應了解 AI 教學的發展、雙語國際的扎根、社會進化的因應、人文美學的陶冶、心理調適的關懷，以及廣泛閱讀的推展工作。其次，也應在培育課程中，讓未來擔任師傅校長的學員進行如「家庭、學校與社區的脈絡探索」、「學校教育人權的解析與協助」、「跨校混齡教學的研析與輔導」、「教育政策與學校法治的整合」，與「新時代課程與教學的跨域整合」等沉浸學習，方能爲受輔導的初任校長提供符合教育發展趨勢的相關建言。

第三節　新竹縣的師傅校長運用方式

壹　傳承與陪伴：孵育正直、自信、專業校長

　　新竹縣的師傅校長，經由教育局於在職或退休校長中，遴選出具備人格特質、卓越領導、專業與豐厚歷練者，並經由全國校長協會專業增能的培育而成。

　　結訓後的師傅校長會在教育局安排下，讓候用與初任校長就其所需，自行選擇而形成配對。師傅校長在協助候用校長上，可以協助其建立正直和專業的價值觀，爲未來的校長生涯做好準備；在輔導初任校長上，可提供初任校長建構其完善教育理念和積攢正能量，透過解析和掌握現行教育政策，傳承即時的校務帶領策略與方法，使初任校長能快速而自信的上手。

貳　攜手前行，邁向卓越

　　新竹縣的退休師傅校長若同時獲聘擔任「聘任督學」，可更擴大層面地提供初任和現任校長的經驗傳承，察覺並有效地應對校務問題，確保校

務的運作順暢。師傅校長輔導工作在內涵上，可以概分為「解析」、「思維引導」和「協助歷程」三項目。

一、解析

　　師傅校長在執行輔導任務之前，首先需要對自己進行深入的自我了解。回顧自己的過去，萃取出自己在教育領域中的經歷和經驗，確保可提供予其他校長的可用資源。其次，了解受輔校長的學經歷、人生觀和教育理念，方能更好地理解他們的需求和目標。最後，師傅校長應該保持對教育領域的最新趨勢和政策的理解，這將有助於提供更務實且富價值的建議和指導。

二、思維引導

　　思維引導是輔導工作的行動原則。師傅校長可以透過以下提示的思考方向引領，進行對候用及初任校長的輔導協助工作。

1. 找尋優勢：師傅校長應幫助受輔校長發現自己已經具備的優勢和潛力，包括學校、社區，和親、師、生的優勢。

2. 關鍵支點：協助受輔校長運用限制理論（TOC）的概念，找出學校現況中最需要改變的關鍵支點，以確保輔導的焦點和效果。

3. 引發增能：協助受輔校長鼓勵教師參與校務，結合同仁的個性和活力，使他們成為改變的沉浸者，而不僅僅是工具人。

4. 適應漸變：引導受輔校長理解校務變革過程必須如調整中古車一樣，逐步適應和更新，實現平實和順暢的轉變。

5. 對話引導：善用問句和對話的方式，激發受輔校長的思考和自我反省，有如現實治療（reality therapy）的諮商過程。

6. 謀定後動：鼓勵受輔校長留白思考，用 70% 的時間思維，30% 的時間積極主動解決問題。

7. 澈底執行：執行力和澈底完成工作是成功的關鍵，師傅校長必須確保受輔校長能夠實現他們的計畫並達成目標。

三、協助歷程

協助歷程中，我們借鏡現實治療（reality therapy, RT）的輔導概念，建立良好的工作關係，並透過實踐的步驟（wants-doing-evaluation-planning, WDEP）協助受輔校長有效提升校務帶領能量。

1. 建立良好工作關係：師傅校長和受輔校長間，宜建立友善、信任和支持的關係。

2. 探索完整行為：協助受輔校長探索他們的目標需求（wants）、行動策略（doing）、自我評估（evaluation）和規劃（planning），以確保他們的行動有助於實現目標。

3. 追蹤並提供諮詢：追蹤受輔校長的行動過程，並提供諮詢。若原訂目標未達成，不找藉口而是協助他們解決問題，並在需要時重新調整計畫。

參 互惠雙贏、共榮成長

透過這些工作上的思維引導和協助歷程，師傅校長的輔導工作就是問題解決和相互成長的歷程。有如行動研究般，發現問題，查察參考文獻資料和萃取前人的經驗、提升知能、提出方案解決問題的系列過程。使得師傅和受輔校長彼此皆得到相應的成長，豐富了各自的學養與知能。

肆 期待與展望

「謀定而後動，知止而有得。」師傅校長制度立意良善，惟須再審視和建立完整執行計畫，包括明確的目標和方向，以確保政策執行的成功。同時適時重新評估和調整政策，以適應變化的教育環境。

> If we teach today's students, as we taught yesterday's, we rob them of tomorrow.
>
> （John Dewey, 1916）

　　我們不能只用經驗辦學，更要時刻汲取學理的養分並進行經驗的反思，不間斷增能，適時調整和更新。讓師傅校長，得以具備開放的思維，高遠的視野。教育的目的具有時代性，學校的校務領導亦復如此。

第四節　屏東縣的師傅校長運用方式

 ## 師傅校長運用方式

　　屏東縣的師傅校長培育係在 2020 年開始第一梯次實施。教育處對本制度寄予很高的期待，因此在師傅校長結訓之後，即分派師傅校長以下提及的任務：

一、擔任輔導校長

　　屏東縣教育處通常會指派二位師傅校長擔任初任校長的「輔導校長」，針對教育政策與學校發展特色進行媒合，以協助初任校長安定校務。

二、扣緊教育政策、提供專業支持

　　針對教育政策，例如部分領域雙語、數位載具融入、閱讀教育、具備學習歷程的數位學習平台、永續循環校園、5G 科技、活化教學、校本 / 訂課程等，教育處會指派具備該領域政策執行經驗的師傅校長，以陪伴的精神給予初任校長專業支持，或提供其教育相關資源，協助初任校長任職學校的教師專業發展。

 ## 屏東縣的師傅校長運作特色

　　屏東縣的師傅校長制度在運作上從培訓課程開始，即在教育處的重視下，做了特別且細緻的安排。例如以下兩點，即為本縣之特色：

一、溫暖人性化的場地

　　屏東縣教育處看重師傅校長的培訓，培訓場地選擇燈光美、氣氛佳，且具備文青氣質的場地，讓參與培訓的校長第一時間就感受到尊重，愉快地參與研習（圖 11-2）。值得一提的是，每週的培訓課程地點選擇，並不在師傅校長都已熟悉的校園，亦不是在行政機關大樓舉辦，而是將課程地點設於有文創、藝術特色的地點。到此上課的學員，皆能在優良的環境中彼此討論、專業成長。

圖 11-2

屏東縣師傅校長培訓

註：第一梯次（2020 年）的屏東縣師傅校長培育，租借勝利星村日式建築舉行。圖中的師傅校長正在進行案例分析探討。

二、新舊並進、共同成長

　　其次，新舊並進、共同成長，也是屏東縣師傅校長培訓的特色。屏東縣邀請初任校長和 14 位有經驗的校長共同研習，藉由師傅校長經驗分享與傳承，讓初任校長能夠更快上手。

屏東縣的師傅校長專業發展

屏東縣的師傅校長專業發展，具有以下幾項特色：

一、學以致用

屏東縣的師傅校長培訓課程不僅內容紮實，更具有非常高的實踐性，亦有助於師傅校長本身的專業發展。例如林思伶博士的「藉由團隊諮詢的問題解決模式（solution-focused model）」，能藉由反思、陳述、澄清、確認、建議、回饋的過程，聚焦問題、解決問題。本節作者在帶領學校發展學校本位課程的過程中，就有三次運用此 solution-focused model 了解同仁的想法，調整方向、聚焦作法。

二、自我精進

當發展學校本位課程，而學校教師們不知如何做，就是校長自我成長的開始。校長除了參加相關的工作坊，更有效的方式是讀書與論述。本節作者也以「發展學校本位課程中領導者的自我挑戰」為題投稿發表學術會議（謝相如，2022），更和教師們一起寫教案、公開授課、拋磚引玉。誠如蔡進雄博士所說：「學校的成功不是最佳結構或理想領導方式的產物，學校的成功是很多行動者，持續多元行動的結果。」而課程領導更是校長帶領學校同仁進行長時間、任務複雜、權力分享、高度信任的協作（collaborative）過程。因此，師傅校長透過修讀培訓課程，亦可以促發自我精進。

肆　**對師傅校長制度發展的期待**

綜觀校園問題，多出自於課程規劃與人事管理，其次是師生安全管理事件。師生安全管理事件，目前教育部已有 SOP 標準作業管理流程，人事管理亦有相關法令可以依循，唯有「課程」與「教學」仍有長足的發展空間。建議「師傅校長」在學校技術核心「課程與教學」能投入更多努力

與經驗傳承，讓初、現任校長與師傅校長本身任職學校的課程與教學能更為提升，也避免學校出現狀況後還需亡羊補牢。

第五節　南投縣的師傅校長專業發展

　　師傅校長存在的目的在於支持、協助和陪伴初任校長發展校務、事前預防、釐清實踐、解決問題，以及長期的、適時的、隨時支援和諮詢，屬於可依靠的堅定力量。有鑒於此，師傅校長的基本功即是現場輔助的基本修為。以下論述，為本節作者依南投縣教育狀況所擬的，對師傅校長專業發展與應具備的角色任務之看法，包含「師傅校長應具備的基本功」、「預防勝於治療」、「預／遇見問題——勇敢面對、全方位思考、化阻力為助力」與「發展學校特色」四項。最後，本節作者也提出「警惕與持重」一項，闡述師傅校長在輔導初、現任校長時應有之態度。

師傅校長應具備的基本功

一、專業學識與時俱進

　　師傅校長的專業學識必須與時俱進，包括對教育／行政政策、法規、辦法、課程、教學、輔導、採購等國家教育政策與策略趨勢，以及新興規定與行政或措施的了解，這些可以從師傅校長培訓課程與回流課程再一次習得（如圖 11-3）。

二、處事態度明確精準

　　學校事務永遠是動態的存在，瑣瑣碎碎的事情多如牛毛，最後多需要校長做最後的決定或處置。因此，校長在面對問題的時候，要能平心靜氣，就事論事，分辨事情的輕重緩急，掌握核心問題，重視法規會議，沉著應對，事緩則圓，依法行政，明確精準解決問題。

圖 11-3
南投縣師傅校長培訓

註：第一梯次（2021 年）的南投縣師傅校長培育，於日月潭教師會館舉行。學員包含
現任及退休的中小學校長。

三、做人涵養三好四給

　　校長需有經營學校、發展校務的理想藍圖，尊重、關懷、善意的領導
特質具有加分的效果；個人首重身、口、意的修持，強調做好事、說好
話、存好心，三好修為；與人相處著重給人信心、給人歡喜、給人希望、
給人方便，四給精神。

四、專業倫理共享領導

　　身在公門好修行，是一句意境甚高的話語；擔任校長就要有助人與服
務的精神，適時伸出援手，默默協助及關心教師的教學、專業增能與學
習，在行政事務、課程與教學、生活關懷各個層面成為教師的後盾。營造
適切關懷與倡導的組織文化，有效激勵組織公民行為，重視團隊合作、集
思廣益、權力／利／益分享、共享領導的向心團隊。

 「萬」教歸宗 ── 預防勝於治療

　　這裡所稱的「萬」教歸宗，指的是熟悉各類領導理論，最後還是要視
現場及現實的問題，尋出適切解決問題的方案。所謂凡事豫則立，不豫則
廢，事前多作為，預防在先，免得遇事措手不及。師傅校長本身，以及要
輔導初、現任校長時，都需要關注下列四大事項的聯絡調整工作：

一、建立地方關係

　　拜訪地區議員、村（里）長、鄰長、社區發展協會理事長、村（里）幹事、宗教代表、親朋好友、學校附近店家等。

二、掌握家長組織

1. 掌握本校家長組織，認識及友好學區國小的家長會，尤其是會長或副會長與委員等。
2. 注意學校中特別熱心的家長，包括以前及現在的學生家長。
3. 尊重及保持聯繫歷任家長會長，廣結善緣。
4. 注意學校中特別「特殊」的家長，尊重而不親近，借其專長或熱心，化阻力為助力。

三、校長堅定專業辦學

　　表現誠意、集思廣益、換位思考、將心比心、給人溫暖、給人鼓勵、給人支持、熟知法令、理解政策、善用策略、實事求是。

四、適時行銷學校亮點

　　在校外只說學校好話，行銷學校亮點，有故事才會有感動；校內的協調與討論，不對外多說話。校內有共識，才能安定向前，穩紮穩打。

參　預／遇見問題 —— 勇敢面對、全方位思考、化阻力為助力

　　師傅校長自身要具備預／遇見問題的敏覺度，並輔導初、現任校長能做到以下八項作為，如此方可化阻力為助力，解決問題。

1. 明確學校立場、傾聽教師的想法（聽取各方意見）、集思廣益、凝聚共識。
2. 與家長會長說明，並取得與會長的共識。
3. 了解民意代表的立場（有可能的趨向）。

4. 重視地方領袖的角色、立場與想法。

5. 清楚當事人的訴求（特別注意當事人周邊親戚的雜音）。

6. 謀求學校可以解決的方案（A、B、C），達成共識。

7. 確定學校發言人（事件負責處室主管為發言人）。

8. 讓學校成員充分了解事情的始末、可能面對的問題（含解決方案），忌諱學校教師撇清關係，應該維護學校及團隊意識。

肆　發展學校特色

　　師傅校長需要對自身及受輔導的初、現任校長的學校進行診斷，再根據相關條件發展學校特色。師傅校長應該做到以下四項作為：

1. 強化教師進修共同成長，逐漸改變；促進不適任教師的有效輔導。

2. 營造團隊氣氛，凝聚團隊意識，發展組織成員軟實力。

3. 了解地方的特殊性（地方及社區特殊的文化），藉由學校發展地方特色，並成為學校特色。

4. 依學校師資、設備、學生程度、家長期望，凝聚組織意識，尋找資源，發展學校特色。

伍　警惕與持重

　　師傅校長在輔導與陪伴初、現任校長時，應注意到以下四項，以確定師徒分際，建立值得信賴的互動關係。

1. 不要涉入太深，超過客觀程度。

2. 充分了解事情／問題始末，保持客觀、冷靜、討論、引導、協作。

3. 不要給予太多負擔，例如：做功課、報告、定時電話聯絡。

4. 適時關心、噓寒問暖、及時協助、預防與提醒對外不「多」說。

　　俗話說，長江後浪推前浪，才發現前浪故事嘹亮又雄壯。也許師傅校長的校長生涯是跌跌撞撞的歷程，擔任師傅校長之後，輔助初、現任校長時，卻成為娓娓道來足堪借鏡的精彩故事。

第六節　討論與結語

　　歸納上述四個縣市的師傅校長運作案例，大概可從中了解到各地因應教育發展的腳步和地方特色需求的不同，在運用的策略上也呈現一些差異。有的縣市側重於師傅校長制度的實際配對、運作，有的縣市則對於師傅校長制度帶來的效果有所期許，因而在開設培訓課程的階段起便在政策上大力支持。以打造一個師傅校長制度的完整路徑來看，該制度對各縣市的教育政策推動，到底能帶來何種效果？

　　從「培訓」階段來看，此環節包含了計畫性的推薦合適擔任師傅校長的人選，配合師傅校長培育單位推薦課程與適合擔任講師的專家，以及師傅校長應該具備何種能力。有了政策上的重視，參與培訓的師傅校長也能清楚理解自身在培訓之後可能要扮演的角色和使命。部分縣市在全校協展開培訓之前，已有「師傅校長」角色的存在（如新北市），因此參與全校協的師傅校長培訓，可以讓師傅校長制度與全國同步展開，確立師傅校長的專業性。另一方面，過去未曾培育過師傅校長的縣市，則可在與全校協、當地校長協會與教育局（處）的合作下，提供開課上的支援，讓該制度有良好的起始。

　　接著，「配對」階段則是師傅校長制度運用的開始。師傅校長若無實際進行初、現任校長的輔導工作，或是協助教育局（處）辦理各項業務，則培訓就會流於普通的「研習」體系，無法在人才培育及職涯發展上對師傅校長帶來助益。配對方式有人為的配對和隨機的配對，其中人為的配對又可分為依照地區、依照屬性、依照自我意願，以及多重（即一位初任校長可以配對二位以上的師傅校長）的配對方式。在本章各縣市案例中，新竹縣的意願配對，與屏東縣的二位配對，再加上新北市的三級輔導配對，都是極具當地特色與師傅校長制度價值的配對方式。上述作法，乃值得後續培育師傅校長的各縣市教育行政機關參考。

　　在「輔導」階段，上述案例也提到師傅校長在輔導上所應具備的素

養、可輔導的項目，以及輔導的歷程設定等。特別是新竹縣范揚焄校長提到：

> 我們不能只用經驗辦學，更要時刻汲取學理的養分並進行經驗的反思，不間斷增能，適時調整和更新。

　　這一句話意味著師傅校長增能的重要性，也間接的佐證了師傅校長培育課程中應該涵蓋「專業素養」增能課程，方能在輔導初、現任校長時傳遞實踐智慧的必要性。再以高雄市為例，高雄市校長協會依師傅校長的專長，分為「教務類」、「學務類」、「輔導類」、「人事類」、「法制類」等輔導類型，建立師徒制，再透過師徒制研發診治性支持方案，此作法也可讓初、現任校長得到需求上的專業支持（曾振興，2023）。在屏東縣部分，謝相如校長提出師傅校長在輔導過程中亦能得到自我精進，也是對此句話的再一次佐證。如此一來，師傅校長培育規劃上導向「也應注重師傅校長本身的職涯發展需求」與「師傅校長也需要專業支持」，應是有其價值。

　　迄今為止，全國各縣市經正式培育課程所培育出來的師傅校長，僅有 300 位左右。為數不多的培育名額或許無法涵蓋更多有意願擔任師傅校長工作的優秀校長，而使這些從培訓課程中結訓的師傅校長有時不敢自稱「師傅」，此代表了師傅校長對自己所扮演角色任務的自我肯定感仍需要透過累積經驗來提升。另一方面，部分縣市在參與師傅校長培訓課程後，也未對結訓的師傅校長進行任務的指派，以至於充滿熱忱的師傅校長暫無可供活躍的場域。因此，本章才透過以上四個案例拋磚引玉，期待當前正思索如何有效運用師傅校長制度的地方教育行政機關，可參酌辦理有成之縣市，活化師傅校長功能，並定期選派優秀校長參與師傅校長培育。本章也期待從各梯次結訓的師傅校長能協助構織完善的校長支持網絡，讓支持網絡成為引導地方教育進步的力量。

第十二章

影響力取向的學校治理

李惠銘

重啟教育影響力

　　從 1913 年福特汽車啟動第一條「流水生產線」以來，「線性思維」支配了全球 100 多年來的經濟發展，所有「循環相應、生生不息」的古老文明一一被丟棄，人類以越來越快的速度，逐步走向世界的盡頭。2023 年 1 月 24 日「末日時鐘」（Doomsday Clock）又因為「烏俄戰爭」被調快 10 秒，來到距離午夜 12 時只剩 1 分 30 秒的 11 時 58 分 30 秒。

　　其實，這期間，「教育」意外地成了推波助瀾者，從 1760 年第一次工業革命以來，學校便逐漸成為替各行各業培養專門人才的「職訓所」；即使到了「第四次工業革命」，由世界經濟論壇（World Economic Forum）在 2020 年所發布的《未來學校：為第四次工業革命定義新的教育模式》（Schools of the Future: Defining New Models of Education for the Fourth Industrial Revolution），仍然將教育定位為經濟競爭的基礎。

　　線性必有終點，循環才能永續。當全球共同面臨日益迫切的永續危機時，一場改變世界與經濟舊有秩序的「影響力革命」正醞釀成形，人稱「英國創投教父」與「社企投資之父」的羅納德・柯恩爵士（Sir Ronald

Cohen）大力提倡「影響力投資」，指投資除了追求金錢獲利，也重視解決社會、環境問題，越來越多的投資專家都開始主張，今後最重要的投資標的，就是那些能夠創造積極社會或環境影響的可持續性的企業或組織（Sir Ronald Cohen, 2021）。

「影響力」是指用一種為他人所樂於接受的方式，改變他人的思想和行動的能力。它是一種可以用來達成個人目標或促進社會變革的強大力量，這個定義其實接近教育的功能。然而從工業革命之後的「教育工具化」到福特生產線後的「學校工廠化」，再到現代民主興起、民粹盛行，各縣市政府競逐滿意度民調數字的結果，讓學校進一步「行政機關化」，學校教育的影響力已逐漸式微，學校治理的主要活動，變成是各種競賽的績效排比。

當此之時，作為教育承先啟後的師傅校長更當深思：教育如何擺脫這樣的定位與宿命？如何脫離「全球產業鏈」解離，不再作為經濟發展附庸與工具？如何重新恢復啟迪人心、發展人智、造福人群的應有地位？如何引領世界發展、重啟社會的良性互動永續循環？

放眼未來，師傅校長是責無旁貸的變革發動者、領導者與陪伴者，透過一己影響力，致力讓教育開始「創造」未來，而不是讓未來繼續「塑造」教育。具體作為則是帶動「影響力取向的學校治理」，支持與協助現場校長，促進學校教育從營運架構到學習模式的系統變革，這是師傅校長的社會責任與使命。

第二節 治理挑戰

在重啟教育影響力的同時，我們需要盱衡世局，目前的學校可說是處於 VUCA 的困境，正要繼續走向 Web 3.0 的未來，人工智慧的逆襲、日益迫切的永續危機，除了既往的工學模式與理性分析，學校治理更需要融

合美學與影響力的完整解決方案，以培養能預測、準備、應對、適應世局且能重構與再生的「韌性」！

壹　VUCA 困境

VUCA 這個源於軍事領域的術語，在 20 世紀 90 年代開始被普遍用來反應社會變遷的現實，隨後又被廣泛用於從營利性公司到教育事業的各種組織的戰略策訂思想。「VUCA 時代」的提出主要是揭示在這樣的社會現勢中，從人到組織都必須提高預見性與洞察力，包括：(1) 預期改變條件的事情；(2) 明白事情和行為的結果；(3) 鑑別各個變量之間的內在關聯；(4) 為現實的各種情況和改變做準備；(5) 明白各種相關的機會。這同時也是未來學校教育必須關注，並即時學習進化的課題。

貳　AI 逆襲

2022 年 11 月 30 日，總部位在舊金山的 Open AI 推出一個人工智慧聊天機器人程式 ChatGPT，它可以跟使用者對話、回答問題，還能指正使用者的錯誤論點，光是這樣，就已讓教育界大受震撼。而未來它的用途將更廣泛，包括寫詩和歌詞、創作音樂、電視劇、童話故事和學生論文，並且具有編寫和除錯電腦程式的能力、類比 Linux 系統等。

當「生生用 AI」時，還有多少學生願意每天在特定時間來到特定場所、按照特定課表、接受特定的課程和教學？而「學校工廠」的「職業分派」功能也將喪失大半，未來將被 AI 取代的工作，除了生產和製造、金融和銀行、零售與客服、交通和運輸，甚至律師、會計師、醫師可能都無法倖免，因為人工智能的精準遠非人類可及。

參　永續危機

遠在 1987 年，聯合國世界環境與發展委員會（World Commission on Environment and Development, WCED）便揭示了人類「永續發展」的途

徑：「滿足當代需求的同時，不損及後代子孫滿足其自身需求。」

　　然而，歷經了 1992 年的「21 世紀議程」（Agenda 21）、2000 年的「千禧年發展目標」（Millennium Development Goals, MDGs）等，人類的永續危機似乎不減反增。鑒於日益嚴重的氣候變遷、經濟成長、社會平權、貧富差距等難題，2015 年聯合國在成立 70 週年之際又發表了《翻轉世界：2030 年永續發展議程》（Transforming Our World: The 2030 Agenda for Sustainable Development）文件，並且提出「永續發展目標」（Sustainable Development Goals, SDGs）——包括 17 項核心目標（Goals）及 169 項具體目標（Targets），2017 年再建立 232 項指標用來衡量實踐情形，期盼至 2030 年時能夠實現。

　　在距離 2030 不到 6 年的現在，人類甫結束一輪對抗前所未見的「新冠病毒」，而「烏俄戰爭」也仍未停息，加上全球供應鏈的衝擊，各國通貨膨脹、民生問題急速升高……。

第三節　治理知識

　　面對上述各種接踵而至的世局挑戰，「影響力取向的學校治理」著實刻不容緩。然而，依據世局挑戰去描繪「學校治理」，無疑又進入另一個「教育工具化」的循環；教育除了消極地解決問題，更要積極地彰顯價值、啟迪人心。因此，對世局的觀察與對未來的描繪，都需要一套完整的知識體系來當作「解碼系統」。尤其，「影響力取向的學校治理」基本上是一種「文化轉型」，更需要一套完整的知識體系為前導與圭臬。

　　阿爾伯特‧愛因斯坦（Albert Einstein）曾說：「用造成問題的想法思考，是無法解決問題的。」因此，我們需要一套跳脫現有框架，跨域融合教育、社會、企管：以教育為核心、社會設計為策略、組織轉型為目標的「淵博知識體系」。

壹 本體論：杜威博士「社會本位」的教育理論

杜威（John Dewey）主張：「學校即社會」、「教育即生活」，認為教育是通過人和社會環境的互動，在逐步內化的過程中形成的，因此教育的目的，在使人的一切能力趨向和諧發展，離開社會環境，所謂人的能力的發展便毫無意義。杜威也視教育如草木生長，教育的過程，是一種不斷地適應歷程，以一種日益擴張的能力，成為每一時期的目標，因此教育必須考量每個人的彼此差異，每一階段發展的不同。杜威更認為人與社會的關係是相互依存的，因此人必須和社會不斷地生長和變遷，不斷地進步，以創建理想的社會。

貳 方法論：宮崎清博士「互動共好」的社造學說

日本千葉大學「工業意匠研究所」的宮崎清博士（Miyazaki, K.）是日本「地域振興」的總工程師，從日本千葉大學宮崎研究室展開的嶄新風貌的社區總體營造理念，在民國83年受到文建會的支持與推廣後，迅速成為臺灣草根社會展現生機與活力的重要機制。全國各地關心自己所住社區的居民，開始學習如何運用集體智慧，共同營造一個最有魅力的社區。這些不斷在增加的案例，分別從景觀營造、地方產業、古蹟保存、民俗廟會、健康福祉、國際交流等面向切入。其實，「社區總體營造」的目標，不是只在於營造一些實質環境，最重要的還是在於建立社區共同體成員對於社區事務的參與意識，和提升社區居民在生活情境的美學層次。換句話說，「社區總體營造」工作的本質，不只是在營造一個社區，實際上它已經是在營造一個新社會，營造一個新文化，營造一個新的「人」。

參 倫理觀：戴明博士「以人為本」的品管哲學

戴明（W. E. Deming）以其「淵博知識體系」（Profound Knowledge System）及「管理14要點」，開啟「全面品質管理」（TQM）等品質

運動，成為 20 世紀重要的品管大師。然而，正如彼得‧聖吉（Peter M. Senge）所說：「我後來才知道，戴明幾乎已經完全停止使用『全面品質管理』（包含 TQM 或 TQ）等術語，因為他認為這些名詞已經流於淺薄，只是為某些工具和技巧貼上一層標籤。對他來說，真正的任務是『現有管理系統的轉型』，所追求的目標絕對超越經理人改善短期績效的努力。戴明的系統觀、變異說、知識論、心理學，其實正是建構一個『學習型組織』的淵博知識。」

綜合以上學說，「終身樂學」是三位哲人所共同關注的，也是教育最終極的影響力。杜威重視學習的整體與延續性，一直被尊為「終身學習」的倡始者；宮崎清藉社區營造啟動的「人人、事事、時時、處處、物物」學習，更延展了我們對教育與學習的定義；而戴明主張「人人天生都有自我向上的本質，生來都想樂在學習與樂在工作。」也鼓舞了我們的教育熱忱。這套融合教育、社會與企管學說的跨域理論，是我們發展學校「影響力治理」的堅實基礎。

第四節 治理策略

影響力取向的學校治理，其實是學校文化的「系統變革」，也就是「系統三要素」的整個改變。具體的策略是：當「功能目標」由績效轉為影響力；「連結關係」就會逐漸由競爭變合作；最後「組成元件」就能以異質多元取代規格量化。

壹 績效導出影響

現代社會由於民主興起、民粹盛行，各縣市政府競逐滿意度民調數字的結果，讓學校逐漸淪為教育行政機關的「派出所」。學校治理空間幾乎被上級計畫政策完全充塞，學校治理的重點也變成各項活動與競賽的績效

與排序。「臺北市中小學教育品質保證計畫」甚至把學校參加各種競賽的結果列入計分，許多縣市更有諸多輔導學校參加「教學卓越獎」、「閱讀磐石獎」的長期陪伴計畫。

競賽當然也是激勵學校治理創新的方法之一，但如果在得到結果之後，能運用這個結果發揮更大的影響，而不是在達標、得獎之後就一切告終，甚至團隊解散，應該才是參加競賽的終極目的。

事實上，美國教育學家羅伯特・安東尼（Robert Anthony）和威廉・楊（William Young）早在 1960 年代就提出影響力邏輯模型（Logic Model）的概念，並進一步在 1970 年代將影響力邏輯模型的要素分為輸入、活動、產出、成果和影響力五個層次。可見「成果」乃是影響力的起點，不是活動的結束。學校治理如果能夠突破具體的數字績效，開展影響力這一層的新版圖，一定會有更大的翻轉。

貳　影響啟動循環

當學校治理的目標功能從「績效」轉為「影響力」，就會啟動「持續改善」的學習循環，改變與各組成元件的連結關係。

績效是具體、可達的，比較容易讓人在達標的同時，也感覺「完成了」，「做到了」！例如得到教學卓越金質獎、磐石獎，我們就會覺得到頂了（其實只是最符合規則），於是大家就下山，準備攀登另一座高峰。影響力則是無形、抽象的，不會有「到頂」、「完成」的一天，因此會讓我們轉而注重過程、策略與方法，不是一味只求達標、不擇手段，所以通常會自然啟動整個學校社會系統的作動。

追求數字績效的過程，比較是線性思考，每個計畫、專案、比賽都是一條線，線跟線之間可能都是「平行線」，頂多也只是有些交叉點，對組織文化的轉型和提升，比較是片段、零碎的力量，而且通常人亡政息。

而創造影響力和放大影響力的過程，因為牽涉整個學校系統的連動，演化關係是混沌不明的。可能一件小危機會造成大崩壞，也可能一個小波

動卻能引發大浪潮，因此比較有可能促成學校的系統變革。

　　從這點我們也可以釋懷，原來學校的文化轉型，並不是要同時千百個計畫、鋪天蓋地、雷厲風行（這個都是線性思考）；而是只要選擇一件小事，從影響力的思維慢慢去做，就會轉出一個文化提升的向上螺旋。

參　循環生成系統

　　很多縣市的「學校本位課程發展」都用了所謂的「系統觀」，把課程分成「大系統」、「中系統」、「小系統」。其實因為這些組成元件彼此只是層級的連結，之間並沒有循環互動的關係，所以其實只是「架構」圖或表，還不能稱為「系統」。正確的名稱應該是「上中下層架構」，或者叫「表中裡層結構」。

　　有回到原點才能叫「系統」，所以有「循環」才有「系統」。當學校治理進入「持續改善」的循環，組織就會逐漸「系統化」，繼而促成「系統變革」，生成更巨大的「系統影響力」。

　　如果每個政策、計畫、行動都是「做完就好」，同儕關係都是「上對下」的單向關係，這個組織的內部結構就都是一些「線段」，比較難有系統性的連結互動，有時也會很快「解構」。反之，如果每件事都是一個「回到原點」的循環、每個處室都是「上下交融」的夥伴關係，這個組織就是由許多「小系統」組成，內部結構比較緊密，也比較容易演化成一個「大系統」。

　　從「績效」到「影響」，代表系統的「功能目標」改變，而「連結關係」也一定會跟著變。在注重「數字目標」的團隊中，人與人之間通常存在著競爭；而一個比較關注「影響力」的團體，同儕則會有較多的互動共好。

　　於是「影響啟動循環、循環生成系統」，「系統變革」就指日可期！

肆 系統放大影響

　　學校生活通常都是緊張而忙碌的，層出不窮的業務：來自上級的、壓力團體的、師生家長的，令人應接不暇。主要都是缺少系統性的作法，於是來一件做一件，「及時因應」、「急就章」、「撲火滅火」的行動，充斥在學校治理現場，有時許多措施是自相矛盾，甚至「今日的問題，就是來自昨日的解方」。

　　例如全聯福利中心先是「中元節」，再來是「中秋烤肉月」，以及即將推出的「火鍋祭」，都是一貫以一個主題當「耦合點」（俗稱肉粽頭）整全式地串起千百種商品的熱賣。這就是系統化所產生的巨大影響。

　　學校治理也是，注重即期績效，就會是單一、零碎的計畫與行動，就很容易做完就算，難生影響。然而要求長期影響，就會有比較多循環改善與系統規劃。所以說，「影響啟動循環、循環生成系統、系統放大影響」，學校從此進入一個永續自轉的向上螺旋。

第五節 治理價值

壹 看見影響力 —— 從工學到美學

　　影響力取向的學校治理不僅是一套策略與方法，更是一種態度與文化；一所學校從注重即期績效到關注深遠影響力，更是一種從工學模式到美學典範的組織轉型。

　　百年來，泰勒的「目標模式」固然提升了教育的效能，然而也窄化了教育的可能性；當此之時，其師杜威博士的美學經驗，就顯得格外珍貴。個人覺得，學校治理的過程，應當就如同杜威所言：是在一個真實的情境脈絡中，透過「作」與「受」的交互作用，展開一個完整、均衡、自我實現過程，最終獲得獨特情感、意義與價值的新經驗（Dewey, 1934）。所

以學校治理，應該提升到美學經驗的層次。

然而，學校現場仍到處充斥著工學理性的思考，包括課程評鑑，其實是可以把課程當成作品，導入藝術鑑賞的邏輯來談論一個課程的意義與價值；但如今，課程評鑑也是遵循科學分析的模式，逐步拆解目標、發展工具、蒐集證據，弄得又像生產線上的工作。泰半縣市更簡化成「檢核表」，讓教師像檢查車子的車齡、車況一樣地勾選。這樣的工作如何感動教師？如何帶動教師創作源源不斷的好作品？

教育現場受工業革命、流水生產、目標模式的宰制太久了，教育是屬於感受、動力、循環、影響力、多元異質的美學層次的。我們常說「教育是用生命感動生命」，那就要轉向「影響力取向」的治理，彰顯教育的美學價值。

貳 創造影響力 —— 從競爭到合作

注重短期績效的結果，讓大家習於競逐各項活動計畫的排名與比序，最後就如同戴明所說：只求勝利，不求樂趣！

戴明在最後的著作《新經濟學》中（Deming, 1993），語重心長地談到：經濟學家教導我們，競爭會解決我們的問題。事實上，我們現在了解，競爭具有破壞性。因此戴明提出更積極的「新經濟學」，他說：更好的作法是，每個人都能以「人人皆贏」為目標，如同處於一個系統般共同工作。我們所需要的是合作以及向新的管理方式轉型。本身也是紐約大學教授的他，更以他 50 年的教育經驗，對當時的美國教育界大聲疾呼：廢除學生排名、教師考績、學校評比，因為「排序」會造成「假性稀缺」（artificial scarcity），他極力痛陳：

- 好學生、好老師、好學校這麼多，為何只能有一個第一？
- 人人生而不同，校校條件不一，競爭公平嗎？
- 人人校校各有優缺點，為何不是截長補短，鼓勵合作創造更大成就，而是要競爭？

- 排序爲前三名開了一扇窗，卻對大多數人關上門。
- 改作業是爲了評分打等第，不是爲了知道自己哪邊教不好？或者誰需要幫助？
- 能將教師教過的東西全盤吐出就是第一？
- 學習的快樂來自於贏了別人，而不是學習本身？

　　儘管咸認這些倡議所引起的風潮，間接促成了布希總統在 2002 年簽署了《沒有孩子落後》（No Child Left Behind）法案，然而，學校治理的主要模式，至今仍是戴明以上所說的「運動會模式」：只有第一名快樂，其他都是失敗者。

　　「影響力取向的學校治理」要重新彰顯的，是「合作創造更大成就」的價值。人類本來就是群居動物，競爭讓我們得到一些進步發展，但讓我們失去的更多。

參　放大影響力── 從中心到平台

　　筆者 1990 年代在新北市柑園國中服務時，學校即以「社區學習者」自居，倡議「以社區的空間爲教室、社區的文化爲教材、社區的人士爲老師」，積極「向社區學習」。然而直到目前，還有許多學校以「社區教育中心」甚至是「社區改革者」自居，這跟整個時代「去中心化」的思潮著實大相逕庭。

　　三大報及三家電視台主導傳播媒體的時代已經過去，年輕人大都已轉向不受固定節目表限制的 YT 及社群；而隨著區塊鏈技術興起、AI 技術不斷迭代，「點對點」的傳播逐漸成熟，這些社群媒體未來也都會消失。所以目前這種需要在特定時間、來到特定地點、按照特定課表、學習特定課程的「學校教育」還能存在多久？

　　20 世紀的 60 年代，包括奧地利哲學家伊萬‧伊利奇（Ivan Illich）、美國教育家保羅‧古德曼（Paul Goodman）和美國教育家塞爾曼‧阿什（Selman A. Asher），就開始鼓吹「去學校化」的思潮，一甲子後的現

在，果然凸顯了其意義與價值。

學校如果還是把自己窄化成「讓村中小孩上學的地方」，那當村中沒有孩子，或者是大家都不來上學時，自然就會面臨「廢校」的命運。因此，「少子化」、「廢校」就不是偏鄉學校獨有的問題，所有都會學校一樣有可能成為「沒有兒童的學校」。當務之急是，學校必須從「學習權力中心」轉型為「學習資源平台」。

而當學校正視自己的影響力，轉型為「培育在地人才的平台」，讓學校成為全村所有人、所有學習匯流與轉譯的 HUB，不再是中心化、堡壘化、孤島化的學校，不只小孩上學，其他如新住民、返鄉青年、阿公阿嬤都可以終身學習，那時自然「無校可廢」。

《民生報》為何停刊？因為它就是一直把自己定位為一份報紙。其實當時它是為大家提供食衣住行育樂，所有民生資訊的平台，如果它有把握這個原始設定，不斷發展適合的傳播媒體，它會成為後來的雅虎、奇摩或谷歌。但它始終認定自己是辦報紙的，而報紙是一定會被時代所淘汰的，果然它自然而然地走入歷史。

未來，或許學校會像電商一樣，是一個提供各種課程上架讓學習者自由選修的平台。知識爆炸、多元自主的時代，學校實在不能再窄化為提供制式學習、頒授正式學歷的地方，應該轉化為一個多元的學習平台，讓更多元的村人來做更多元的學習，為地方培育更多元的人才，讓教育重新回到人人、時時、處處學習，且事事、物物皆可學的狀態。於是學校就隱身不見，但學校也無所不在。這就是教育的影響力。

第六節 看見影響力、發現新教育

　　今年筆者有機會爲某實驗機構規劃中學課程，應家長要求，提出對孩子在 2050 年生活圖景的想像：「臺灣已達淨零碳排、孩子 40 歲，可能常來往火星、地球兩地……」憶起 2004 年也曾跨過濁水溪爲某雙語學校籌設國中部，當時跟家長談的是：「孩子會跟外國人一起工作，常會跨國移動、全球輪調……」現在則是「孩子會跟機器人一起上學，將來則會是星際行者。」

　　20 年前，我們無法想像有網路和手機，也預料不到世界會有如此巨大的變化，就像我們現在也無法想像 20 年後可能我們各個都是「星際行者」。但畢竟馬斯克所創立的九家公司，都是爲了移民火星之用，他個人也正式聲明要在火星退休，相關的技術也在一一完成與實現。當人類已經開始太空旅行，對未來我們實在要有更多想像；對未來教育，也要有更多元的思考與行動。

　　面對詭譎多變的「VUCA」困境、日益迫切的永續危機、整軍待發的 AI 逆襲，學校不能再甘爲執行教育局（處）各種政策計畫的機關，不能再鎮日競逐即期且有限的升學績效與競賽排序。擔任師傅校長者，應該看清本章上述的趨勢，透過機會將智慧時代的學校治理的理念與作爲傳遞給所輔導初、現任校長，並和徒弟一起關注這些「結果」的影響。甚且，可讓初任校長在一開始就以影響力的治理思維，來導出更好的教育結果。

第十三章

運用師徒制建構師傅與徒弟的連結

黃居正

第一節 前言

　　教育工作環境複雜度日益增加，社會大眾對於學校的要求日益提高，常使得資深的中小學校長工作壓力龐大，更遑論初任校長。國內初任校長所面臨的工作環境相當繁雜且艱鉅，而初任校長導入輔導制度是初任校長適應環境與有效成長的機制，宜成為校長培育的重要一環，因此，如何讓初任校長獲得其應有的支持，另讓資深校長有薪火相傳的榮譽與管道，是教育行政機關及校長培育單位所必須重視的課題（張德銳，2014）。

　　現今許多企業採用正式或非正式的師徒制來訓練員工，師徒制是教育年輕世代的一種傳統且有效方法，徒弟透過長期與師傅的緊密互動，觀察與模仿師傅在各種情境之對應模式，從而習得其中重要之內隱知識（吳美連、溫淑鑾、莊文隆，2011），藉以提升組織效能，此為本章探討主題之一。

　　Malone（2001）指出，近年來的研究發現，校長專業發展若結合師徒制，初任校長就能在其專業工作生涯中得到不錯的效能。廖珮妏、黃瑜華、余鑑（2014）亦認為，師徒制的目的要傳承組織的內隱知識，可藉由

縮短人員在組織裡人際關係上的距離，凝聚組織的向心力，提高效能，特別是針對領導者的培育，「師徒制」是一種很適合組織領導訓練的方法。師傅與徒弟相互搭配得宜，不僅師徒雙方受益，組織面也可因師徒制的應用，得到極大的益處。然而，同樣的作法在國中小校園領導是否合宜，此為本章探討主題之二。

透過初任校長與資深校長的焦點團體訪談及個別訪談，彙整不同經驗資料，探討出師徒功能、互動方式與過程以及初任校長之職涯發展。Augustine-Shaw 和 Liang（2016）認為與師傅校長面對面互動，對於師徒制與培訓課程是主要成功關鍵因素。Hopkins-Thompson 和 Peggy（2000）認為，師徒制配對方式最佳方式是由初任校長自己選擇。因此，本章也將討論師徒之間如何互動、師傅校長如何挑選與如何進行師徒的配對方式。

師徒制在企業能夠有效運作，在教育界是否也可以透過師徒制的操作，作為初任校長導入制度，協助初任校長適應工作的負擔。Moller（2004）研究結果證實初任校長從師傅校長學到的經驗，猶如企業中的經理一樣，師傅校長的教導讓他們可以處理危機事件，在初任的第一年也可以順遂的找出經營學校的方式。

Kingham（2009）研究也證實如果有師傅校長教導，與一年的師徒制輔導經驗，對初任校長的生存至關重要。Carter（2009）與 Pease（2015）也認為師傅校長的教導能增強初任校長的自信。目前，各縣市教育局（處）有各自的候用校長培訓方式，有些縣市也採用師徒制方式。本章目的也在於進一步了解各縣市實施師徒制之培訓現況，期能進行全盤了解後，規劃適合於我國中小學校長師徒制之方式，作為未來辦理校長儲訓模式之參考。

本章首先將論述師徒制的精神與意涵，接著探討我國校長師徒制的建構現況；第四節則討論運用師徒制建構師傅與徒弟的連結，最後再做成結論。

第二節 師徒制的意涵

壹 師徒制的意義

　　Crow（2002）認為師傅教導是促進學校領導人才社會化的重要方法，具有提供學校領導實務的專業化訓練、學校領導人才的生涯諮商及社會心理發展支持等多方面的積極功能，是相當具有歷史傳統的培訓模式。Grissom 和 Harrington（2010）認為師徒制是有經驗的師傅校長幫助徒弟校長改善他們的工作績效，並幫助徒弟校長處理每日所遇到的棘手事情。歸納上述說法，師徒制係指組織內的資深者與資淺者互動的行為，是希望藉由互動中傳遞組織的「內隱知識」與「外顯知識」，藉以提升組織效能。

貳 師徒制的功能

　　許多文獻中指出師徒制有利於組織經驗傳承及運作，組織中透過師徒制確實可以有效傳承內隱知識。有效的師徒制計畫可以幫助有經驗與無經驗的校長克服困難、增進人際關係、獲得更多升遷的機會，以及提升領導的效率並建立更強健的學校行政組織（Gibson, 2004; Hayden, 2006; Hertting & Phenis-Bourke, 2007）。

　　國外的許多研究證實師徒制確實能夠帶領剛接任學校的初任校長，例如 Hopkins-Thompson 和 Peggy（2000）認為師傅校長是支持徒弟校長，並提供建議、輔導及保護。輔導與教導的過程中，提供徒弟校長正確的指引。透過師傅校長的指導可讓徒弟校長充分的了解作為一個行政人員該做什麼。Daresh（2004）也認為師徒制讓徒弟校長在工作上有以下優點：(1) 在工作表現上更有信心；(2) 幫助徒弟校長更容易將教育理論融入學校經營實踐中；(3) 增加溝通技巧；(4) 提供學習更多協商技巧；以及 (5) 幫助更融入擔任校長的角色。

　　如果說將一般行業的師徒制運用到學校行政中，特別是校長的培育、導入等階段，陳木金、李冠嫻（2009）認爲師徒傳承係指在校長生涯的每一個階段，提供實務和專業的訓練，以及專業能力之培訓，將對校長培育及校長實務有重要的幫助。其中包括成爲一位校長的準備、校長的導入、校長工作的強化，以及增強新任校長的技巧，提供經驗豐富之優良校長的分享機會，擴展新任校長們發展和伸展他們的能力。這種功能在初任校長期間尤爲重要，可減少摸索的時間。

參　師傅校長的特質

　　好的領導者或成功的校長不見得是一位優秀的師傅校長。要勝任師傅校長的工作，除了基本的豐富學校經營經驗與領袖特質外，更需要具備「能夠聆聽與協助初任校長」的熱忱。因此，如何選擇一個好的師傅校長將是師徒制設計的一個關鍵核心。丁一顧、張德銳（2002）研究發現，成功的輔導校長的特徵依序爲：「足夠的校長經驗」、「開放溫暖的人格特質」、「協助初任校的意願及熱誠」、「對教育生態有所掌握與了解」、「能持續不斷的學習及省思」、「具有良好的領導品質」，最後爲「能接受各種不同的問題解決策略」。Wilson（2005）認爲師傅校長個人特質的重要排序爲「願意奉獻時間」、「具有熱忱及正向積極的態度」、「專業的判斷能力與有效溝通能力」；在專業能力上則是「能展示有效教學策略」、「有效班級經營者及執行紀律的人」，以及「能撰寫課程計畫以及執行教育政策的人」。

肆　師徒制相關研究

　　國內研究師徒制的文獻大多是以企業爲主，研究結果也顯示師徒功能對組織是有正向影響，在組織中，師傅若能將自身經驗與知識技能教導給徒弟，徒弟則能更快適應工作。廖珮妏等人（2014）的研究發現：信任扮演師徒功能相當重要的中介機制，建議在實務界實施師徒制過程當

中，可先讓師傅與徒弟互相熟悉一段時間過後再配對，在經過一段時間相處後，信任感也會建立起來，亦可減少隨後師徒雙方的爭執機率。陳木金等人（2010）研究結果證實影響師傅教導效能與過程共有四項重要因素，包括：(1) 實施師傅教導的時間；(2) 師傅與徒弟的配對方式；(3) 師傅本身的素養與態度；與 (4) 師傅教導技能的訓練。

國外的校長師徒制研究發現，Carte（2010）研究指出：(1) 性別在師徒制上有影響，參與受試者對女性師傅校長的滿意度高於男性；(2) 自己選擇師傅校長的受試者相較於非自己選擇的師傅校長滿意程度比較高。Williams（2011）訪談 278 位中學校長，其中有四分之三校長認為可以自己選擇師傅校長很重要，且接受師傅校長指導的初任校長中有 85% 認為指導是有幫助的。Witcher（2011）透過三位初任校長質性訪談研究發現，三位初任校長一致認為經過師傅校長的指導，他們很快就可以勝任校長工作。Burt（2015）研究發現：(1) 新手校長需要有耐心的師傅校長幫助才不至於單打獨鬥、需要有人可以定期檢視所做的事情、需要有人可以傾聽、給予肯定與鼓勵；(2) 新手校長通常面對困境不知道要從何尋找幫助，因此，校長師徒制是可以給初任校長幫助的重要管道；(3) 師傅校長與初任校長的互動需要彼此互相信任，師傅校長需要將輔導的過程及內容保密，不可以透漏出去。Kiley（2017）研究指出，教導校長倫理的師徒制課程規劃需考慮：(1) 師傅校長輔導的時程（持續幾年或幾個月）；(2) 輔導的頻率（如一年一次、四個月一次、一個月一次、一個月 2-3 次或一週一次）；(3) 訪談方式（面對面、電話或 Email）；(4) 師傅校長資格（現任校長、退休校長、教育局長、其他學區的退休局長或退休行政人員）。

歸納國內外相關研究，可知師徒制實施確實對經驗傳承有正面效果，對初任校長經營學校而言有很大幫助，若遇到困難馬上有請益的管道，以減少危機的發生。從文獻亦可得知，師徒制研究大多環繞在師徒制指導的時程長短及輔導次數、師傅校長與徒弟校長性別的配對方式或配對人數多寡、輔導溝通媒介、師徒制所需經費補助、師傅校長的特質與經驗，以及師傅校長的培訓與資格等議題進行。

第三節 師徒制的建構現況

　　爲了解近年來國內各縣市推行校長師徒制現況，筆者曾經和吳昌期、蔡明貴進行相關研究（黃居正等人，2021）。該研究採用焦點團體訪談，實施對象採立意抽樣，資深校長挑選由各縣市校長協會理事長推薦之國小、國中及高中資深或擔任過師傅校長之校長；初任校長則爲第一年上任之國小、國中及高中初任校長。共與 8 個縣市、47 位校長進行焦點座談；正式問卷實施對象則爲全國中小及高中校長，問卷採用網路問卷，共回收1,452 份問卷。

壹 研究的問卷設計

　　筆者等人所進行的研究，在訪談大綱的設計上，係參考翁振益等人（2017）與余鑑等人（2011），將訪談大綱分爲師傅校長的訪談大綱以及初任校長的訪談大綱進行。在調查問卷上，則編製「中小學校長師徒制實施現況問卷之預試問卷」，並抽取樣本 106 人進行（結果回收 65 份，有效問卷 63 份，問卷之回收率爲 61.3%，可用率則爲 96.9%，問卷信度之 Cronbach's α 係數則爲 .896）。

貳 校長師徒制實施現況的調查結果

　　受訪者認爲校長師徒制的建立，對於初任校長在校務經營方面有很大幫助，具有經驗傳承的功能。以下依序列出該研究之數項結果。

一、師傅校長所需具備的資格

　　受訪者建議師傅校長外在條件資格應該是有經驗的校長，至少要有 2任以上的經驗，或是待過至少 2-3 所以上的學校爲主，此和中華民國中小學校長協會（以下簡稱爲全校協）推動的師傅校長培訓方案中所設定的師

傅校長資格（2 任以上）相符；或是由主管教育機關指派有經驗的退休校長或課程督學來學校指導初任校長；或有經歷過校務評鑑，而且是在校務評鑑中表現優良的學校校長來進行指導。

二、擔任師傅校長的關鍵因素

受訪者認為師傅校長的特質除了其本身專業的經驗外，個人特質部分需要具有領袖特質、正面且積極上進、有行動力、專業的判斷力、有效溝通能力、熱心服務的意願、同理心、真誠關懷、讓人信任的感覺；在專業能力上，則是需要有校務經營能力、教學能力、處理事情的廣度與深度。

三、師傅校長配對的方式

訪談結果顯示，目前師傅校長與徒弟校長配對方式有以下幾點：(1) 一對一方式；(2) 一對二方式；(3) 一對多方式；(4) 專家資料庫配對方式；(5) 非正式管道尋找適合自己的師傅校長；(6) 官方或非官方指定方式；(7) 讀書會的夥伴或前輩；(8) 同性別或跨性別配對方式。由此可知，師徒制配對方式非常多元，但未來在選擇師傅校長或徒弟校長時，宜考量師傅或初任校長的意願，由他們自己選擇適合的對象來配對。

四、學校危機處理

建構師傅校長的制度，初任校長若遇到問題馬上就可以尋求很多師傅校長的協助，基本上師傅校長還是扮演諮詢的角色。本研究與林明地（2013）看法一致，初任校長經營學校若遇到困難，師傅校長可傳承其辦學經驗與處理事情的智慧，協助徒弟校長解決學校問題。

五、國高中學校師徒制較少

根據幾次國高中的訪談，在國中與高中校長師徒制部分是欠缺的，多數集中於國小的校長。國高中校長明顯受到的重視不如國小，這也是讓許多國高中校長所羨慕之處。國高中初任校長的缺額本來就很少，國中校長

的競爭通常都是跨學區，彼此都會有影響，因此要作為合作夥伴的那種感覺非常的微妙，也因此常常發生問題時不知道要如何尋求協助。

六、師徒間互動方式

師徒間的互動主要以雙向溝通為主，不能只是單向的師傅校長傳授經驗，徒弟也應該適時反應自己的需求，讓師傅校長知道所遇到的困難點。因此師徒間的溝通就顯得非常必要，如此才能建立彼此的信任感。溝通的方式很多，可分為正式溝通與非正式溝通方式。Augustine-Shaw 和 Liang（2016）認為在正式溝通上，師傅校長與徒弟校長最喜歡的是一對一、面對面的溝通方式；Kingham（2009）研究結果顯示雖然師徒間的溝通可用網路方式進行，但大多數參與的師傅校長與徒弟校長認為面對面溝通可以取代網路的溝通方式。非正式溝通則是透過視訊、電話或是 Email 方式進行（Moller, 2004），Kiley（2017）與 Russo（2013）的研究也顯示使用 Skype 電子輔導（E-mentoring）、電話方式與 Email，也是可作為師傅校長輔導初任校長的方式；Henry（2008）研究發現女性初任校長則偏好用網路方式進行師徒輔導。根據受訪者的分析結果，又可分類為正式場合互動和非正式場合互動。

第四節 運用師徒制建構師傅與徒弟的連結

學校教育工作專業度及複雜度日益提高，發展校長專業學習社群（Principal Professional Learning Community, PPLC）受到各界重視。尤其近年來，全國也致力於「校長專業素養指標建構」和「校長專業支持系統建立」二大研究專案的進行。其中，「校長專業支持系統建立」專案之計畫一由全校協自 2018 年度起至 2024 上半年止共 6 年、規劃 2 階段各 3 年的時間，去推展全國各縣市實施校長師徒制輔導計畫，也得到各縣市校長協會大力協助。因為運用師徒制建構師傅與徒弟的連結，除了樹立師傅

校長辦學典範與傳承之外，對於初任校長的楷模學習與強化心理支持發揮作用，同時傳承師傅校長的辦學經驗與預防危機管理，可免失去學校教師或家長對校長的信任感。由於各縣市越來越重視學校教育，專案辦理亮點也受各界肯定，各縣市政府和校長協會都給予正面的支持和回應，更獲得良好成效。

「校長專業支持系統」計畫中的師徒制專案執行模式，內容林林種種、十分龐雜，茲藉本節探討之。

壹 推動各縣市政府建置師徒制輔導制度

有鑑於各縣市學校校長常有負面新聞事件案例，衝擊及影響地方政府治理績效，肇始 2018 年起由全校協向教育部承包「校長專業支持系統建立」專案計畫，共有七個子計畫，其中計畫一即是「推動各縣市實施校長師徒制輔導計畫」。

歸納實施結果：第一階段（2018-2021）有參與本制度之縣市共申請 175 組校長師徒配對，包含國小 131 組，國中 31 組，國中小 3 組、高中 8 組、實驗學校 1 組、特殊學校 1 組，整理出校長師徒對談內容聚焦在學校教務、學務、輔導、總務、人事、法令等六大類議題上。仍在進行中的第二階段（2021-2024）有參與本制度之縣市共申請 224 組校長師徒配對，包含國小 133 組，國中 65 組，國中小 9 組、高中 15 組、實驗學校 2 組，整理出校長師徒對談內容大致相同，也是聚焦在六大類議題上。

依前文文獻所述，最有效的師徒輔導制度即是校長師徒能面對面的正式溝通，放下所有影響的外界干擾，平心靜氣坐下來彼此面對面，在信任的環境氛圍中，徒弟校長吐露所謂的辦學困境，而師傅校長無私地傾囊相授，達成推動師徒制的目標。

實際訪視各縣市校長協會了解師徒制實施現況

　　全校協的研究者團隊並同時尋求各縣市校長協會的協助，推薦國小、國中、高中校長之師傅校長、徒弟校長，接受 30 分鐘的訪談，說明師徒制相關的實施成效及未來推展建議。6 年間共完成 14 個縣市，包括臺北市、新北市、臺中市、臺南市、高雄市、基隆市、新竹縣、苗栗縣、南投縣、雲林縣、嘉義縣、嘉義市、屏東縣與宜蘭縣，共訪問 45 位國小校長、16 位國中校長、2 位國中小校長、5 位高中校長、退休校長 3 位、聘任督學 3 位、專家學者 2 位。

　　總結歸納被訪談者，都一致肯定推動校長師徒輔導制度，可以由其中得到正面的協助，也希望未來可以有更多元的方式安排師徒配對模式。更因為推動校長師徒輔導制度成效良好，樂見各縣市政府開始重視暨規劃實施師傅校長培育機制。

實施各縣市初任校長黃金三階段課程模式

　　專案研究者在 2022 年 5 月擴大計畫一之團隊，開始規劃初任校長輔導的新手課程（tiro course）。將初任校長的第一年任期分成三個階段，實施流程分為：總論（六門課全部內容提醒、給新手的建議）、遴選後至 8/1 上任前（面對榮譽與責任）、8/1 至 9/1 開學前（初任校長的暑假）、9/1 開學後一個月（開學了，我不是新手！）、局（處）首長的期勉。內容依初任校長行事曆（生涯發展）分成以下六門課：「公共關係」、「典禮儀式」、「會議主持」、「營繕工程」、「願景特色」與「人際關係」。

　　配合 2022 年初任校長就任時間，「初任校長黃金三階段」課程始業輔導儀式，在 2022 年 7 月 24 日於 Google Meet 線上會議室辦理，並對於課程總論進行說明，其中各階段針對 5 個初任校長在黃金三階段期間會遇到的學校議題，詢問全國 4 年內任期的校長的回應。事後，再進行全國初任校長的抽樣問卷調查，成效皆是良好正面的。2023 年第二回仍採行線

上直播模式，惟本次改採 YouTube 直播形式，並持續邀請各縣市校長協會理事長和各縣市局（處）首長給予初任校長期勉。

　　總之，學校教育任務常是扮演家庭教育和社會教育聯繫的橋梁，校長更是達成學校教育任務的重要推手。我們常說：「有怎樣的校長，就有怎樣的學校。」可見校長培育的成敗，是學校教育任務達成的重要關鍵。運用師徒制建構師傅與徒弟的連結，一方面可以精緻校長培育的內涵，另一方面更是讓學校教育任務和教育使命得以永續發展。

第五節　結語

　　綜上所述，可知運用師徒制可以建構師傅校長與徒弟校長的良好連結。在結論上，實施校長師徒制重點在樹立楷模學習與強化心理支持，也要重視傳承辦學經驗與危機管理，以免失去教師或家長對校長的信任。男性校長和女性校長在危機管理、傳承辦學經驗與整體校長師徒制實施現況認同上有顯著差異，在師傅及徒弟選擇上，仍舊可能會是男性校長偏好男性的師傅校長，女性校長可能偏好女性師傅校長。其次，不同年齡與服務年資的校長在樹立楷模學習、強化心理支持、傳承辦學經驗與整體校長師徒制上也有顯著差異，年齡在 31-40 歲校長可能各方面經驗不足，對於師徒制的需求更大；國小初任校長大多會有師傅校長指導，國中校長依照縣市不同會有不同的師傅校長陪伴，但高中校長則大多無師傅校長的協助。

　　在師傅校長人選上，宜邀請具備有 2 任以上，或是待過 2 至 3 所以上的學校，或是由主管機關指派有經驗者來指導初任校長；亦可以邀請在校務評鑑中表現優良的學校校長，並完成全校協師傅校長培訓者擔任。師徒配對上，可採用一對一、一對二、一對多；人選可從專家資料庫找出適當人員來配對；非正式管道則可自行尋找適合自己的師傅校長，例如讀書會的夥伴或前輩、同性別或跨性別配對方式。師徒間互動模式可分為正式和非正式溝通，正式溝通上最受喜歡的方式是一對一、面對面的溝通

方式，非正式溝通則是透過電話或 Email 進行。師傅校長輔導最適合的次數是每學期 2 次，一年 4 次；最適合的師傅校長人數是 2 位。但初任校長剛到學校，事務繁雜，若師傅校長到校輔導次數過多，或是師傅校長太多，而導致輔導次數太多，都會造成徒弟校長的壓力。

　　在精進師徒制上，未來有「建立校長師徒制輔導成效優良獎勵制度」、「精進校長師徒制輔導模式及內涵」、「建立師傅校長資料庫」、「編列預算辦理校長師徒制培訓計畫」、「推薦師傅校長擔任校長遴選委員（或到校輔導督學、校務評鑑委員）」、「建立線上師徒制輔導平台」、「提供全國校長諮詢輔導服務」，與「定期辦理跨縣市或跨學制校長師徒制論壇」等尚待努力，此值得政策推動者與計畫執行者協同各縣市與校長協會共同努力。

本章部分改寫自黃居正、吳昌期、蔡明貴（2021）發表於**學校行政雙月刊，133**（頁40-80）的「中小學校長師徒制實施現況之研究」之成果。

終章

師傅校長培育的實像與虛像

林雍智

第一節 前言

　　師傅校長的概念是選取績優校長，作為輔導、陪伴與支持初任及現任校長辦學的角色。其來源可以是現任、資深的校長，也可以是退休校長。師傅校長培育制度在定位上，具有完善校長職涯專業發展的期待，在功能上，透過該制度的建立，也希望師傅校長能發揮輔導及支持的力量，為初、現任校長建構正向的校長同僚性，讓其可以減低校長辦學時因無支持力量，而使學校經營逐漸發展為「個業化」（isolation trendency）的困境（王淑珍、林雍智，2015；林雍智，2020a，2020b）。換句話說，師傅校長制度期待一來能滿足校長系統性職涯專業發展的需求，為其達到增能的目標，二來也能透過制度的有效運用，為初、現任校長建構具有支持性的安全網絡。這不單是一種賦能（empowerment）的展現，也是專業資本（professional capital）的累進（林雍智，2020a，2020b；Hargreaves & Fullan, 2012）。

　　師傅校長培育制度在設計上，必須要審視當前國內外校長專業發展的系統，並衡量國內校長培育與專業發展相關制度政策，以及環繞在校長身

分職務間的各種規範和生態，例如遴選制度、校長權責界定、校長的進修研習情況、校長與教師團體及家長團體之關係等，才能為其量身訂製適宜的培育制度，來滿足前述對師傅校長人選角色與功能的期待。這些環節，相當程度的影響了校長的職務範圍與領導行為，也左右一位教師在規劃是否邁向擔任學校管理職務的意願。在師傅校長完成培育後，師傅校長對初、現任校長的輔導與支持在運用上，亦受這些環境之左右，可以說師傅校長培育制度受當前教育與學校生態所影響。因此，若要推動制度，制度設計上就應該規劃好足夠對應的架構，才足以撐起此一階段的人才培育功能。否則，培育制度只會成為另一種研習，而師傅校長也無法發揮角色功能，「師傅校長」頭銜反而會干擾初、現任校長學校發展，其所分享的案例與經驗，也會成為阻礙知識重組與創新的壁障。如此一來，制度反而會使功能逆行，還不如當初不要刻意的將其系統化，只讓其停留在地方首長「任意指派」的「榮譽職」上或許效果還來得更好。

　　本書在各篇章中已探討了師傅校長培育的理論、體系規劃與實踐運用的各事項。本章將回到培育制度本身，探討制度可帶來的實像與該制度的成立過程與成立後也可能產生的虛像。「實像」所指的是制度所帶來的正向功能，而「虛像」指的則是徒具形式，最後卻帶來教育發展上的各種阻礙，反過來減損制度的立意。

第二節 師傅校長的角色定位與受期待的功能

　　全校協至 2024 年止，已耗費 6 年時間完成全國一輪師傅校長培訓工作。在執行的過程中，不免會遭受到各界的挑戰，也出現一些質疑的雜音。若仔細順著我國學校教育的發展脈絡分析，就會對「為何校長培育、校長儲訓做幾十年了，國家還不做師傅校長培育」的理由產生好奇。也會對「師傅校長的角色已被長期充分運用在校長培育、校長儲訓和現職校長輔導上了，為何還沒有單位辦理師傅校長培育」的原因感到不解。

　　要解答上述二問，我們需要給自己幾個假設命題。即：師傅校長人選來源不明確；師傅校長角色功能不易發揮；培育課程無法培養出師傅校長。也就是說，若培育制度要能夠成形，機制設計上就必須破除這些假設，來證明師傅校長能夠扮演良好的角色，遂行受期待的功能。以下，逐一簡論之。

壹　師傅校長人選來源不明確

　　在任意指定的年代／環境中，師傅校長人選乃由地方教育主管機關推薦產生。此時的人選或多或少會具備以下數種條件：「年資」、「辦學績優」、「有任多校經驗」、「與上級關係良好」、「博士學位」、「擔任地方校長協會幹部」、「運氣好、沒有出過大事」、「勇於承擔相關業務」等。這些條件的疊加，使得其有機會被指定、推薦擔任師傅校長。然而，由於缺乏培育、認證制度，使得人選的產生未必得到同儕的肯定，因此擔任師傅校長者也未必會有正向的成就感。為了減低負評，有些師傅校長只將其視為一種業務項目，低調的工作。

　　解決人選來源不明確的問題，是師傅校長培育制度規劃上的第一要務。首先，要選取有意願的學員，其次是對學員增能，使其能扮演好角色職務。透過證照制度，亦可以讓其有「牌照」，建立起從事專業工作的自信。培育上也要打破過去「任意指定」時代師傅校長集中於少數人的問題，要擴大「池子」，讓想要獲得師傅校長協助的初、現任校長可依自己意願尋覓到合適的師傅。

貳　師傅校長角色功能不易發揮

　　師傅校長角色不易發揮的理由，包含「師傅校長本身不知曉自己應該扮演什麼角色」、「教育行政機關未清楚賦予其角色任務」，以及「徒弟並未期待可從師傅校長中得到有用協助」等理由。未來，宜針對上述各項找到解方，破解師傅校長角色功能不易發揮的問題。例如在師傅校長和徒

弟間的關係，要透過校長同僚性的正向互動，加強師徒彼此的信任感。校長在養成的過程中，被教導各種領導理論，到了學校任職，又處於風頭浪尖位置，他們沒有在培育階段學習到如何和師傅校長互動、如何協作，因此自然也不會期待可從師傅校長處得到有用協助。若在培育師傅校長時，透過人才選用找到有意願者，再經由課程設計讓師傅校長不斷更新自己的教育專業素養，以及養成輔導的能力，如此，師傅校長的角色就能滲透至執行輔導與陪伴上，也能使教育行政機關知道該如何運用師傅校長。

因此，培育制度要為培養出這種能力的師傅校長設計適合的人才選拔機制和課程模組。

參 培育課程無法培養出師傅校長

如同各界對師資培育課程無法培育出優秀的、具備即戰力的教師般，應該無人會幻想將只有數十個小時的職前培訓作為仙丹良藥。數十個小時的職前培訓更會被學員們認為只是再一次的研習而已。再加上各種配套措施，如上課地點、上課資料、課程安排順序、學員產生機制、學習評量等的不完備，也會減低培育成效。

要解決培育課程的問題，需要效法師資培育體系在實務上不斷滾動修正、在學理上持續研究開發的作法，由辦理單位進行持續性、長期性的發展。除職前培訓外，配對實習、回流繼續教育教育，乃至邀請其參與論壇、研討會等分享亦是機制上必須要設計的。除此之外，也必須與各地方教育主管機關研討，並出示有良好運作師傅校長機制的模式案例，讓其能放心賦予師傅校長任務。如同教師的備、觀、議課，擔任觀課與議課者的師傅校長，必然足以累積更多實踐智慧，這些實踐智慧才足以在其和徒弟的同僚性運作下傳承，產生校長心智。

第三節 師傅校長培育過程中遇到的非功能

　　過去我國任何單位不敢輕易開啟師傅校長培育，想必有各種理由。師傅校長培育制度的導入，如果不審度當前教育發展局勢，只當成某項政策辦理的話，那麼這項政策一定會成功（辦理單位一定可以提出成功的績效），但政策結束後，也必然走進歷史，無法吸引其他政策共同構成更為嚴謹、廣泛的制度。徒具形式，且對學校教育和校長職務發展無益的虛像，該如何避免？

　　要避免虛像，我們一樣需要從三個假設命題著手。即：師傅校長培育制度可以讓師傅校長獲得尊榮感；師傅校長培育宜定於一尊、由某單位統籌；建置師傅校長人才資料庫、有助於師徒的媒合配對。以下，讓我們逐一設法破除這些虛像。

 ## 師傅校長培育制度可以讓師傅校長獲得尊榮感

　　師傅校長培育的目的，是要讓師傅校長獲得尊榮感，還是讓徒弟校長獲得陪伴和支持？以全校協的辦理經驗為例，各縣市參與第一輪師傅校長培訓課程的一些學員來自於該縣市的大老、退休校長，有些則是與地方校長協會或上級關係良好者，才獲得推薦。對於辦理單位全校協來說，各縣市人選不是其可以左右的，全校協只能建議要兼顧國小、國中、高中的人選，以及性別和現任、退休的比例。

　　然而，培育的真正目的是要讓有合適的人格特質，且又有意願的優秀校長擔任師傅校長。未來隨著定期辦理培育的腳步，各縣市就能陸續推薦出合適的學員。接著，師傅校長在輔導與協助地方教育政策發展中，才會先從得到成就感開始，進一步產生有能感，最後才是對自我的，而不是外顯的尊榮感。培育應該對照校長的職涯專業發展與個人生涯發展兩軌圖像（林雍智、劉文章，2024），如此才能建構出有實質效益的培育制度。

師傅校長培育宜定於一尊、由某單位統籌

　　師傅校長的培育，宜由中央統一辦理，或是由具有人事任用權責的各縣市辦理，或是將其委託給師資培育大學辦理？師傅校長的培育，是否不必稱為「師傅校長」培育，而是讓「○○領導營」、「○○校長」也可以扮演培育師傅校長的功能？這兩項議題該如何看待？現階段，全國辦理師傅校長培訓的單位，只有全校協和臺北市立大學。全校協在辦理上雖有規劃一致性的課程架構，仍努力的在課程內涵和教學的模式上聽取縣市的需求，打造客製化、符合在地需求的課程，讓「全國通用性」和「在地特需性」維持平衡。

　　長久來看，或許地方政府對師傅校長機制運用的方法，更會決定師傅校長應該如何培育出來。不過「縣本位」的培育模式，目前在經費和執行意志力上，仍看不到地方政府的具體想法。倘縣本位的培育形成，則課程內容是否又五花八門，失去全國共通性？授課講師能具備講述課程的能力嗎？

　　處於多元複雜的時代，每一個個體更渴望滿足獨自的需求，每位校長的專業發展需求當然亦有差異。未來宜在制度設計上建立師傅校長的共通培育基準或指標，如此不論是由哪個單位辦理培育工作，師傅校長人才來源的規範將能獲得廣泛的信服。

參　建置師傅校長人才資料庫、有助於師徒的媒合配對

　　師傅校長的培育，到底是一種職涯發展上的增能，還是為執行某項專業職務進行的訓練？若花費心力建置的人才資料庫未能符合初、現任校長的需求，則人才資料庫上的名單只會回到上個假設命題的：增進列入名單者的尊榮感罷了。要消除如此虛像，師傅校長培育應該由「計畫制」往「儲備制」方向規劃。當具備擔任師傅校長的人數變多（池子變大了），則未必要透過有形的「資料庫」，初、現任校長也能尋得可信賴、有能力、具資格的師傅校長，一起攜手並行。

第四節 讓師傅校長制度有效運用

　　一項制度從規劃、立案到形成、落實需要付出諸多的努力，時間、經費、執行者的意志力和配套措施都是考驗。我國師傅校長培育從 2018 年開始構想，目前方才歷經數年經驗。以全校協的培訓為例，一開始，研究團隊從校長學的理論與世界主要國家的辦理案例中，對照我國校長儲訓、初任校長導入與在職回流等研修方案中找尋辦理的模式。規劃過程中也參考主要國家的校長專業標準，並透過科學性的研究方法規劃培訓課程。

　　如同本書各篇章論述一般，全校協在辦理過程中，已經彙整進行師傅校長所需的理念、理論與他國案例，也累積了規劃、執行與辦理各縣市培訓的實務經驗，且在數年發展過程中，全校協也持續針對需要驗證的重要事項進行研究，以取得數據修正培訓機制的作法。針對師傅校長培育，全校協做過「師傅校長培訓體系建構」、「師傅校長培育指標建構」、「跨域協作的師傅校長培育」等研究（林雍智、游子賢，2022；張信務，2021a，2021b，2022；薛春光等人，2023）。從培訓走向培育，在精進現行機制，並將其擴大到完整規劃培育體系上，仍需要更多理論與實證上的支持，例如「師傅校長的專業倫理」、「師傅與徒弟的能力需求與習得狀況」、「培育課程的教學模式」、「師徒配對輔導之案例狀況」、「各縣市師傅校長運用模式」等，還尚待持續開展之。

　　隨著學生和家長對教育權的伸張、社會多元複雜的發展，以及少子女化社會下對每位孩子的重視，未來「學校教育」在全體教育中的占比將會持續的下降，其他教育模式，如實驗教育機構團體、個人自學的人數亦預期的會不斷升高。中小學校長在這種變化下面臨到雙軸的挑戰：一是學校經營上的轉型挑戰，此亦可稱為「學校教育內的事項的挑戰」，二是維持學校教育價值和功能的挑戰，姑且可將其稱為「學校教育外的事項的挑戰」。這兩個挑戰，是出身自安定職業狀態的教師、主任而來的初任校長

較不曾接觸的，因此師傅校長便被期待具備總合的能力，來協助徒弟面對這兩項挑戰。

　　一套柔性的、韌性的培育制度，需要提供師傅校長能成長，也能揮灑的空間。制度能否成功，可從其帶來的各種效果中檢視，如政治、經濟、教育效果等，探討師傅校長是否形塑「典範」，引領學校教育進步發展。要有效運用師傅校長制度，宜先從培育具備熱忱、不斷更新專業素養的師傅校長做起，讓具有創業家精神的師傅校長與輔導的初、現任校長以統整的、創造的思維相互支持。

　　如序章所言，本書為國內首冊探討師傅校長培育的專論，在所收各章資料之外，師傅校長議題仍有許多探討空間。確立實像、避免虛像，並導向制度價值，仍是在師傅校長培育上努力的辦理單位、研究者與校長們需要持續關注的焦點。

參考文獻

中文文獻（依筆劃順序排列）

丁一顧、張德銳（2002）。國民小學校長對校長導入輔導制度意見調查研究。**初等教育學刊，13**，1-24。

中華民國中小學校長協會（2020，11 月 27 日）。**中小學校長專業素養建構之研究**〔論文發表〕。2020 年東亞國家校長學研討會，國家教育研究院臺北院區，臺北市。

中華民國中小學校長協會〔全校協〕（2018）。**中小學校長專業支持系統建構與發展實施計畫**。作者。

中華民國中小學校長協會（2022）。**師傅校長使命、任務與專業倫理**〔課程內容〕。師傅校長回流課程，臺灣。

方永泉（2000）。**教育大辭書**。國家教育研究院籌備處。

方慶林（2021）。**國民小學師傅校長培訓課程體系之建構**〔未出版之博士論文〕。臺北市立大學。

王淑珍、林雍智（2015）。教師領導的實踐與發展：從教師同僚性談起。**教育研究月刊，256**，70-88。https://doi.org/10.3966/168063602015080256006

余鑑、于俊傑、余采芳、鄭宇珊、曾摯青（2011）。3C 售後維修服務業之師徒制關鍵成功因素對生涯發展研究。**中華管理學報，121**，39-72。

吳佩穎（2020）。**國民中小學教師同僚性與專業學習社群關係之研究**〔未出版之碩士論文〕。臺北市立大學。

吳美連、溫淑鸞、莊文隆（2011）。師徒功能與組織公民行為的關聯——工作滿足的中介效果。**企業管理學報，89**，33-56。

吳清山（2001）。**師傅校長研習快報**。臺北教師研習中心。

吳清山（2016）。當前教育專業倫理的思索：挑戰與對策。**教育研究月刊，272**，4-17。

吳清山（2022）。**教育的新希望**。元照。

吳清山（2023）。**教育行政學**。五南。

吳清山、王令宜、林雍智（2021）。中小學教師換證制度之研究：體系內涵、遭遇阻力與配套措施，**教育科學研究期刊，66**（3），161-190。

吳清山、林天祐（1999）。認知學徒制。**教育研究月刊，99**，148。

吳清山、林天祐（2002）。教育名詞：人力資源管理。**教育資料與研究，47**，

134。

吳清山、黃旭鈞、賴協志、高家斌（2007）。國民小學校長知識領導模式建構之研究。**教育研究集刊**，**53**（4），71-105。

巫孟蓁（2007）。**國民小學校長理想師傅校長特質與校長策略領導能力之研究**〔未出版之碩士論文〕。國立政治大學。

李安明、謝傳崇（2003）。運用知識管理理論與策略以提昇學校效能之研究。**國立臺北師範學院學報**，**16**（2），49-78。

李冠嫻（2007）。新加坡校長培育制度對我國校長培育模式建構之啟示。**學校行政雙月刊**，**47**，299-315。

周麗玉（2000）。**教育大辭書**。國家教育研究院籌備處。

林文律（2000）。美國校長證照制度。**國立臺北師範學院學報**，**13**，65-90。

林明地（1998）。從同僚專業互享氣氛的建立談教師會功能的發揮。**教師天地**，**94**，17-22。

林明地（2002）。**教育改革浪潮下的學校生態：對學校經營的啟示**。現代教育論壇新世紀的學校經營策略。國立教育資料館。

林明地（2013）。國中小師傅校長辦學經驗與智慧傳承的相關議題。**學校行政雙月刊**，**83**，1-9。

林振春（1998）。**社區營造的教育策略**。師大書苑。

林雍智（2019）。**日本中小學教師及校長的專業發展制度、改革動向與啟示**。https://www.koryu.or.jp/Portals/0/nittaichiteki/fellow/2018linyongzhi.pdf

林雍智（2020a）。校長同僚性：支持校長學校經營與專業發展的力量。載於林雍智編，**教育的理念與實踐**（頁33-47）。元照。https://doi.org/10.3966/9789575114299

林雍智（2020b，11月27-28日）。師傅校長培訓課程之建構與實施〔論文發表〕。**2020東亞地區校長學學術研討會：領導素養的過去與未來**。國立臺北教育大學，臺北市。

林雍智（2021）。校長「實踐智慧」的傳遞、繼承與專業成長。載於蔡進雄編，**邁向未來教育創新**（頁143-159）。元照。

林雍智（2022，12月1日）。**校訂課程跨領域教學設計：日本教育經驗談**〔專題演講〕。新竹縣中小學校長社群研習，新竹縣。

林雍智、游子賢（2022）。如何培育協作與跨域的師傅校長：培育體系的規劃與推動。**臺灣教育評論月刊**，**11**（4），112-121。

林雍智、劉文章（2024）。建構符合職涯專業成長需求的師傅校長培育指標。**教育與多元文化研究**，**29**。

林麗芳、鄭亞盈（2016）。淺論「構築教師的同僚性」。**臺灣教育評論月刊**，**5**

（5），79-81。

洪凱莉（2006）。台灣成人教育的展望——終身學習的倡導與行銷。**社區發展季刊，115**，197-207。

胡夢鯨（1997）。**終生教育典範的發展與實踐**。師大書苑。

范揚焄（2023，8月17日）。**師傅校長執行成效與展望——以新竹縣為例**〔主題報告〕。2023中小學校長協會師傅校長國際論壇，新北市。

范熾文（2004）。學校人力資源管理內涵之建構。**學校行政雙月刊，30**，1-14。

秦夢群、吳勁甫（2011）。國中校長教學領導、學校知識管理與教師教學效能之多層次分析。**教育與心理研究，34**（2），1-31。

翁振益、徐韻淑、盧美玲、熊明禮（2017）。國際觀光飯店烘焙師傅師徒關係之探討。**蘭陽學報，16**，50-66。

馬惠娣（2023，8月17日）。**師傅校長的專業發展**〔主題報告〕。2023中小學校長協會師傅校長國際論壇，新北市。

國立彰化師範大學師資培育中心（2023，3月30日）。**核心能力指標**。https://practiceweb.ncue.edu.tw/p/412-1007-455.php?Lang=zh-tw

張信務、張榮輝、翁慶才、吳錦章、薛春光、柯明忠、李惠銘、林雍智、葉思嫻、游子賢（2021，12月10日）。**邁向卓越校長：中小學校長專業支持系統之發展與成效**。2021年教育領導與實踐國際學術研討會發表之論文，新北市。

張信務、薛春光、方慶林、林雍智、劉文章、林逸松、張乃文、游子賢（2021，11月20日）。**中小學師傅校長培訓體系之研究**。2021東亞地區校長學學術研討會發表之論文。國立臺北教育大學，臺北市。

張信務、薛春光、方慶林、林雍智、劉文章、張乃文、林逸松、游子賢（2022，11月30日）。**中小學師傅校長培育指標的先期建構**。2022東亞地區校長學學術研討會：校長專業發展與學校特色經營。國立臺北教育大學，臺北市。

張春興（2007）。**教育心理學：三化取向的理論與實踐（重修二版）**。東華書局。

張雅玲、張瑞村（2021）。我國教保服務人員專業倫理之探析。**教育科學期刊，20**(1)，57-73。

張德銳（2005）。**中小學校長辦學經驗及專業發展歷程之研究**。國立教育資料館委託專案報告。臺北市立教育大學。

張德銳（2014）。認知教練在初任校長導入輔導之應用。**臺灣教育評論月刊，3**（4），47-51。

張德銳（2016）。教師專業倫理，有所為有所不為。**師友月刊，583**，1-4。

陳木金（2005）。國民小學學校領導人才培訓課程規劃之研究。**國家教育研究籌備處93年度研究成果研討會研究成果報告彙編**（頁111-143）。國家教育研究院籌備處。

陳木金（2009）。我國國民小學校長儲訓模式的回顧與展望。**學校行政雙月刊，60**，98-120。

陳木金、巫孟蓁（2008，7月5日）。**發展理想師傅校長特質檢核協助校長支持系統之建立**。2008中小學校長專業發展研究學術研討會，臺中市。

陳木金、李冠嫻（2009）。我國國民小學校長儲訓模式的回顧與展望。**學校行政雙月刊，60**，98-120。

陳木金、邱馨儀、蔡易芷、高慧蓉（2005，11月22-23日）。**從認知學徒制探討中小學師傅校長教導課程的系統建構**。2005年海峽兩岸中小學教育發展學術研討會，嘉義縣。

陳木金、楊念湘、王志翔、管意璇（2010，10月30日）。**國民小學師傅校長經驗傳承資訊網建置之研究**。99年度國科會教育學門教育行政與政策、師資培育領域專題計畫成果發表會，嘉義縣。

陳添丁（2005）。**高中初任校長專業發展需求與職前培育制度建構之研究**〔未出版之碩士論文〕。國立政治大學。

陳嘉彌（1998）。自情境教學探討師徒式教育實習。**教育研究資訊，6**（5），21-41。

曾振興（2023，8月17日）。**師傅校長執行成效與展望：以高雄市為例**〔主題報告〕。2023中小學校長協會師傅校長國際論壇，新北市。

游子賢（2022）。中小學校長倫理領導的實踐策略。載於黃旭鈞主編，**幸福教育的理念與實踐**（頁131-144）。元照。

黃居正、吳昌期、蔡明貴（2021）。中小學校長師徒制實施現況之研究。**學校行政雙月刊，133**，40-80。

黃富順（1997）。終生學習理念的意義與發展。**成人教育雙月刊，35**，6-15。

黃新民（2017）。教師領導應用於國小校務經營之個案研究。載於郭工賓編，**106校務經營個案研究實務**（頁115-127）。國家教育研究院。

黃嘉莉（2016）。中小學教師證照制度的社會學分析：社會藩籬論觀點。**臺灣教育社會學研究，16**（2），65-103。

楊國樞（1984）。**緣及其在現代生活中的作用**。中華文化復興委員會。

廖珮妏、黃瑜華、余鑑（2014）。以徒弟觀點探討師徒功能為完全中介效果。**管理實務與理論研究，8**（3），1-19。

臺北市政府教育局（2018）。**臺北校長學——學校卓越領導人才發展方案**。http://www.slhs.tp.edu.tw/training/data/20181181145187.pdf

臺北市政府教育局（2019）。**臺北市高級中等以下學校師傅校長培訓方案試辦計畫**。作者。

劉春榮（2022）。臺北市中小學校長培育班實施成效與精進研究。載於黃旭鈞編，

幸福教育的理念與實踐（頁 77-99）。元照。

潘慶輝（2023，8 月 17 日）。**師傅校長運作特色：以新北市爲例**〔主題報告〕。2023 中小學校長協會師傅校長國際論壇，新北市。

蔡易芷（2005）。**國民中小學師傅校長教導課程對校長專業能力之影響研究**〔未出版之碩士論文〕。國立政治大學。

蔡進雄（2017）。**教育領導新論：微領導時代的來臨**。翰蘆。

蔡進雄（2024）。**教育領導新視角：微觀、中觀與鉅觀**。五南。

鄭崇趁（2013）。**教育經營學導論：理念、策略、實踐**。心理。

薛春光（2020）。中小學校長專業支持系統建構與發展。**師友雙月刊，621**，17-24。

薛春光、方慶林、林雍智、游子賢（2023）。中小學師傅校長培訓體系之研究：體系內涵與推動配套措施。**教育政策論壇，26**（4），95-128。https://doi.org/10.53106/156082982023112604004

謝相如（2022，12 月 2 日）。**發展學校本位課程中領導者的自我挑戰**〔論文發表〕。高屏地區國民中小學課程領導成果發表暨學術研討會，屏東縣。

謝相如（2023，8 月 17 日）。**師傅校長運作特色：以屏東縣爲例**〔主題報告〕。2023 中小學校長協會師傅校長國際論壇，新北市。

簡瑞良、張美華（2021）。教師專業倫理重要觀念及實施建議。**雲嘉特教，34**，1-8。

MBA 智庫百科（2020）。**人力資源發展**。https://wiki.mbalib.com/zh-tw/ 人力資源發展

Sir Ronald Cohen（2021）。**影響力革命：重塑資本主義，推動實質變革，特斯拉、聯合利華、IKEA 都積極投入**（張嘉文譯）。大牌出版。（原著出版年：2020）

日文文獻（依發音順序排列）

石田眞理子（2011）。教育リーダーシップにおける「同僚性」の理論とその実践的意義。**東北大学大学院教育学研究科研究年報，60**（1），419-436。

石田眞理子（2014）。英米における教師教育研究の動向：実践知の継承を中心に。**東北大学大学院教育学研究科研究年報，62**（2），209-225。

大杉昭英（2020）。育成指標と研修計画の検討：学校を取り巻く今日的課題を踏まえて。**校改善研究紀要，2020**，1-10。

金井壽宏、谷口智彦（2012）。第 3 章 実践知の組織的継承とリーダーシップ。載於金井壽宏、楠見孝編，**実践知：エキスパートの知性**（頁 61-116）。有斐閣。

川村光（2014）。同調圧力のなかでいまを生きる教師たち。**教育，824**，5-14。

岐阜大学教職大学院（2018）。**教職大学院と教育委員会の協働による学校管理職養成のシステムとコンテンツの開発事業報告書**〔以教職研究所與教育委員會之協作進行學校主管培育之系統與內涵發展業務報告書〕。

久冨善之（2008）。**教師の専門性とアイデンディティー：教育改革ジダイの国際比較調査と国際シンポウムから**。勁草書房。

楠見孝（2012）。第 2 章 実践知の獲得：熟達化のメカニズム。載於金井壽宏、楠見孝編，**実践知：エキスパートの知性**（頁 33-60）。有斐閣。

小沼豊、蘭千壽（2013）。教師を支える「教師用援助シート」の有効性についての一考察：「同僚性」（collegiality）に着目して。**千葉大学教育学部研究紀要，61**，305-311。

坂本篤史、秋田喜代美（2012）。第 5 章 人を相手とする専門職：教師。載於金井壽宏、楠見孝（編），**実践知：エキスパートの知性**（頁 174-193）。有斐閣。

佐藤学（2012）。**学校を改革する：学びの共同体の構想と実践**。岩波書店。

篠原清昭（2017）。**世界の学校管理職養成：校長を養成する方法**。ジダイ社。

篠原清昭（2019，6 月 20 日）。**日本的學校管理人員培養**〔主題演講〕。東亞地區校長培育研討會，新北市。

白石裕（2009）。**学校管理職の求められる力量とは何か：大学院における養成・研修の実態と課題**。学文社。

竹內一眞（2020）。実践知の生成的な世代間継承を促す教育方法の探求：成人教育におけるナラティブ学習の可能性と限界。**多摩大学グローバルスタディーズ学部紀要，12**，63-71。

田中成明（2000）。**法学入門：法と現代社会**。放送大学教育振興会。

東京都教育委員会（2006）。**教員の職のあり方検討委員会報告**。https://www.kyoiku.metro.tokyo.lg.jp/staff/personnel/screening/stydy_on_treatment/stydy_on_treatment.html

独立行政法人教職員支援機構（2023）。**2023 NITS 研修ガイド**。https://www.nits.go.jp/training/files/calendar_guide_2023_001.pdf

西川潔（2014）。協働性を高める学校組織開発のプロセスに関する実践的研究。**日本教育経営学会紀要，56**，114-124。

野中郁次郎（2012）。**失敗の本質：戦場のリーダーシップ篇**。ダイヤモンド社。

野中郁次郎、紺野登（2012）。**知識創造経営のプリンシプル：賢慮資本主義の実践論**。東洋経済新報社。

野中郁次郎、遠山亮子、紺野登（1999）。知識創造企業再訪問。**組織科學，38**（1），35-47。

浜屋敏、大屋智浩（2013）。事業と組織、社会をデザインする実践知リーダー。**Fujitsu，64**（2），140-145。

兵庫教育大学（2020）。**教育政策リーダーコース**。https://www.hyogo-u.ac.jp/course/pol_lea/pol_lea.pdf

紅林伸幸（2007）。協働の同僚性としての《チーム》：学校臨床社会学から。**教育学研究，74**（2），174-188。

松本浩司（2015）。ティーチングマインド：教師の専門的能力における基盤。**名古屋学院大学論集社会科学篇，51**（4），173-200。

森貞美（2019）。韓国における校長任用制度に関する研究：校長の資格・昇進任用システムを中心に。**聖徳大学研究紀要，30，**41-48。

英文文獻（依字母順序排列）

Aksan, N., Kısac, B., Aydın, M., & Demirbuken, S. (2009). Symbolic interaction theory. *Procedia-Social and Behavioral Sciences, 4*(1), 902-904. https://doi.org/10.1016/j.sbspro.2009.01.160

Augustine-Shaw, D., & Liang, J. (2016). Embracing New Realities: Professional Growth for New Principals and Mentors. *Educational Considerations*, *43*(3), 10-17.

Australia Institute of Teaching and School Leader (2014). *Australian professional standard for principals and the leadership profiles*. Author.

Berg, B. L. (2000). *Qualitative research methods for the social sciences*. Allyn & Bacon.

Berliner, D. C. (2001). Learning about and learning from expert teachers. *International Journal of Educational Research*, *35*(5), 463-482. https://doi.org/10.1016/S0883-0355(02)00004-6

Burt, L. (2015). *Voices of new principals: Documenting the needs of new principals as they transition into leadership*. Available from ProQuest Dissertations & Theses A&I. (1702158833).

Busher, H., & Paxton, L. (1997). HEADLAM: A local experience in partnership. In H. Tomlinson (ed.), *Managing continuing professional development in school* (pp. 120-134). Sage.

Capasso, R. L., & Daresh, J. C. (2000). *The school administrator internship handbook*. Crowin.

Calvert, L. (2016). *Moving from compliance to agency: What teachers need to make professional learning work, Learning Forward and NCTAF.* https://learningforward. org/wp-content/uploads/2017/08/moving-from-compliance-toagency.pdf.

Carter, D. A. (2009). *Analysis of student achievement and principals' mentoring experiences* (Order No. 3383189). Available from ProQuest Dissertations & Theses A&I.

Carter, L. B. (2010). *The practice of mentoring: A comparative study of career and psychosocial functions of mentoring among educational administrators in Tennessee K-12 public schools.* Available from ProQuest Dissertations & Theses A&I. (847225964).

Cavaleri, T., Seivert, S., & Lee, L. L. (2005). *Knowledge leadership: The art and science of knowledge-based organization.* Elsvier Butterworkth-Heinemann.

Center on School Turnaround (2017). *Four domains for rapid school improvement: Indicators of effective practice.* https://www.centeronschoolturnaround.org/wp-content/uploads/2018/04/CST_Indictors-Effective-Practice-Four-Domains.pdf

Collier County Public School District (2019). *Principal Mentor Handbook.* https:// www.collierschools.com/cms/lib/FL01903251/Centricity/Domain/ 114/Principal MentorHandbook.pdf

Crow, G. M. (2002). *School leader preparation; A short review of the knowledge base.* http://dera.ioe.ac.uk/5127/1/refer1-1%28randd-gary-crow-paper%29.pdf

Daresh, J. (2004). Mentoring school leaders: Professional promise or predictable problems? *Educational Administration Quarterly, 40,* 495-517.

Day, C., & Gurr, D. (2014). *Leading schools successfully: Stories from the field.* Routledge.

Day, C., & Leithwood, K. (2009). *Successful principal leadership in times of change: An international perspective* (C.-C. Hsieh, Trans.). Psychological Publishing.

Deming, W. D. (1993). *The new economics for industry, government, education.* The MIT Press.

Department for Education [UK] (2015). *National standards of excellence for headteachers.*

Dewey, J. (1916). *Democracy and education: An introduction to the philosophy of education.* Macmillan.

Dewey, J. (1934). *Art as experience.* Capricorn Books.

Epstein, L. D. (2000). *Sharing knowledge in organizations: How people use media to communication* [Unpublished doctoral dissertation]. University of California, Barkeley.

Evaluation Associates (1999). *Beginning principal mentor(s)*. http://www.evaluate.co.nz/careers/beginning-principal-mentors.

Gibson, S. K. (2004). Being mentored: The experience of women faculty. *Journal of Career Development*, *30*(3), 173-188.

Grissom, J. A., & Harrington, J. R. (2010). Investing in administrator efficacy: An examination of professional development as a tool for enhancing principal effectiveness. *American Journal of Education*, *116*(4), 583-612.

Hargreaves, A. (1994). *Changing teachers, changing times: Teachers' work and culture in the postmodern age*. Continuum.

Hargreaves, A., & Fullan, M. (2012). *Professional capital: Transforming teaching in every school.* Routledge.

Hayden, J. (2006). Mentoring: Helping with climbing the career ladder. *Health Promotion Practice, 7*, 289-292.

Henry, S. M. (2008). *Does mentoring matter? rethinking support for new primary school principals in Barbados* (Order No. 3315465). Available from ProQuest Dissertations & Theses A&I.

Hertting, M., & Phenis-Bourke, N. (2007). Experienced principals need mentors, too. *Principal, 86*(5), 36-39.

Hobson, A. (2003). *Mentoring and coaching for new leaders*: Summary report. https://www.easds.org.uk/uploads/docs/mentoring-and-coaching-for-new-leaders-summary.pdf

Homans, G. C. (1950). *The human group*. Harcourt, Brace and Company.

Hopkins-Thompson, & Peggy A. (2000). Colleagues helping colleagues: Mentoring and coaching. *NASSP Bulletin*, *84*(6), 29-36.

Huddleston, M. W., & Sands, J. C. (1995). Enforcing administrative ethics. *The Annals of the American Academy of Political and Social Science, 537*, 139-149.

Hutchins, R. M. (1968). *The learning society*. Frederick A. Praeger.

Japanese Association for the Study of Educational Administration [JASEA] (2009). *Professional standards for principal: Desired principal image and competences 2009 edition.* http://jasea.jp/wp-content/uploads/2016/12/e-teigen2012.6.pdf

Kiley, W. J. (2017). *The impact of principal mentoring programs on the moral judgment of school principals* (Order No. 10268470). Available from ProQuest Dissertations & Theses A&I. (1899194331).

King, P. (2019). *Practical intelligence: How to think critically, deconstruct situations, analyze deeply, and never be fooled.* Pkcs Media.

Kingham, S. H. (2009). *The perspectives of first-year principals regarding their experiences with mentors and the mentoring process within the Louisiana educational leaders induction (LELI) program* (Order No. 3394742). ProQuest Dissertations & Theses A&I.

Little, J. W. (1982). Norms of collegiality and experimentation: Workplace conditions of school success. *American Educational Research Journal, 19*(3), 325-340. https://doi.org/10.2307/1162717

Low, G. T. (2001). Preparation of aspiring principals in Singapore: A partnership model. *International Studies in Educational Administration, 29*(2), 30-37.

Malone, R. (2001). Principal mentoring. *Principal, 17*(2), 1-4.

Mawhinney, L. (2010). Let's lunch and learn: Professional knowledge sharing in teachers' lounges and other congregational spaces. *Teaching and Teacher Education, 26*(4), 972-978.

Middlewood, D., & Lumby, J. (1998). *Human resource management in schools and colleges*. Paul Chapman.

Ministry of Education [New Zealand] (2008). *Kiwi leadership for principals: Principals as educational leaders.*

Moller, K. D. (2004). *Network mentoring for new principals of public elementary schools* (Order No. 3141207). Available from ProQuest Dissertations & Theses A&I.

Moos, L., Johansson, O., & Day, C. (eds.) (2011). *How school principals sustain success over time: International perspectives* (Vol. 14). Springer.

National Association of Elementary School Principals [NAESP] (2017). *National principal mentor program.* https://www.naesp.org/sites/default/files/u13743/SVNRegFormInfoFinal.pdf

National Association of Elementary School Principals [NAESP] (2019). *Professional standards for principal mentors.* http://www.ciclt.net/ul/gael/leadership immersionin stitute.pdf

National Association of Elementary School Principals [NAESP] (2024). *National Mentor Training and Certification Program.* https://www.naesp.org/wp-content/uploads/2020/12/NAESP-Mentor-Program_-Information-Packet.pdf

National Policy Board for Educational Administration (2015). *Professional standards for educational leaders 2015.*

Nonaka, I., & Takeuchi, H. (1995). *The knowledge-creating company: How Japanese companies create the dynamics of innovation.* Oxford University.

Organisation for Economic Co-operation and Development [OECD] (2019). *Student agency for 2030.* Retrieved from http://www.oecd.org/education/2030-project/teaching-and-learning/learning/student-agency/Student_Agency_for_2030_concept_note.pdf

Pease, G. E. (2015). *A delphi study to identify principal practices of Montana's office of public instruction formal mentoring program for principal interns* (Order No. 3684534). Available from ProQuest Dissertations & Theses A&I. (1660524445).

Riley, C. A. (2020). National principal mentor program. In B. J. Irby, J. N. Boswell, L. J. Searby, F. Kochan, R. Garza, & N. Abdelrahman (eds.), *The wiley international handbook of mentoring: Paradigms, practices, programs, and possibilities* (pp. 353-365). John Wiley & Sons. https://doi.org/10.1002/9781119142973.ch21

Russo, E. D. (2013). *E-mentoring for new principals: A case study of a mentoring program.* Available from ProQuest Dissertations & Theses A&I. (1285535971).

Schön, D. A. (1983). *The reflective practitioner: How professionals think in action.* Basic Books.

Schutz, W. C. (1958). *FIRO: A three-dimensional theory of interpersonal behaviour.* Rinehart.

Smith, R. E. (2001). *Human resources administration: A school-based perspective* (2nd. ed.). Eye on Education.

Sternberg, R. J. (1996). *Successful intelligence: How practical and creative intelligence determines success in life.* Simon & Schuster.

Sullivan, H. S. (1953). *The interpersonal theory of psychiatry.* Norton.

The Wallace Foundation. (2012). *The making of the principal: Five lessons in leadership training.* Author.

Thibaut, J. W., & Kelley, H. H. (1959). *The social psychology of groups.* Author.

Tomlinson, H. (1997). *Managing continuing professional development in school.* SAGE.

Williams, J. L. (2011). *Perceptions of mentoring for new secondary assistant principals.* Available from ProQuest Dissertations & Theses A&I. (887798213).

Wilson, S. J. (2005). *A study of ideal mentor characteristics as perceived by principals within the selection process* (Order No. 3176526). Available from ProQuest Dissertations & Theses A&I.

Witcher, R. R. (2011). *A descriptive study of the factors that prevent principal candidates from advancement to the principal position.* Available from ProQuest Dissertations & Theses A&I. (865045697).

國家圖書館出版品預行編目(CIP)資料

師傅校長培育／薛春光, 林雍智, 方慶林, 游子
賢, 劉文章, 林逸松, 張乃文, 李惠銘, 黃居
正合著；薛春光, 林雍智主編.--初版.--臺
北市：五南圖書出版股份有限公司, 2024.06
面；　公分
ISBN 978-626-393-324-8(平裝)

1.CST: 學校行政　2.CST: 校長
3.CST: 培養　4.CST: 文集

526.4207　　　　　　　　113006106

4I77

師傅校長培育

主　　編 ― 薛春光、林雍智

作　　者 ― 薛春光、林雍智、方慶林、游子賢、劉文章、
　　　　　　林逸松、張乃文、李惠銘、黃居正

發 行 人 ― 楊榮川

總 經 理 ― 楊士清

總 編 輯 ― 楊秀麗

副總編輯 ― 黃文瓊

責任編輯 ― 李敏華

封面設計 ― 封怡彤

出 版 者 ― 五南圖書出版股份有限公司

地　　址：106台北市大安區和平東路二段339號4樓

電　　話：(02)2705-5066　　傳　　真：(02)2706-6100

網　　址：https://www.wunan.com.tw

電子郵件：wunan@wunan.com.tw

劃撥帳號：01068953

戶　　名：五南圖書出版股份有限公司

法律顧問　林勝安律師

出版日期　2024年6月初版一刷

定　　價　新臺幣350元